고구려왕조실록 2

장수왕~보장왕 편

차례
Contents

들어가며 03

제20대, 장수왕   06
제21대, 문자명왕   21
제22대, 안장왕   29
제23대, 안원왕   32
제24대, 양원왕   36
제25대, 평원왕   40
제26대, 영양왕   49
제27대, 영류왕   69
제28대, 보장왕   78

들어가며

이 책의 체계상, 고구려는 상하 두 권으로 나누게 되었다. 상권에서는 주로 고구려의 뿌리가 된 북방과 중원 제국과의 관계가 많이 나왔다.

그러나 동아시아 역사에서 고구려의 영향은 비단 중원 쪽에만 국한된 것은 아니었다. 남방의 백제·신라·가야·왜 등도 고구려의 동향에 크게 영향을 받아 움직였다. 이러한 점에서 다른 고대 국가의 역사를 이해하려면 고구려의 역사를 알아둘 필요도 생기는 셈이다.

특히 고구려에서 갈려 나간 백제가 많은 갈등을 일으켰다. 그 원인은 아이러니컬하게도 고구려가 팽창하며 주변의 세력들을 흡수해버리며 백제와의 완충 지대까지 사라졌기 때문이다. 이 갈등은 백제뿐 아니라, 신라와 가야에 바다 건너 왜의 역사에까지 커다란 영향을 줄 단초가 되었다. 특히 4세기 중반에서 5세기까지는 고구려와 백제의 갈등에 신라·가야·왜가 말려드는 양상으로 역사가 흘러갔다.

5세기 초 광개토왕 대에는 고구려가 북방의 후연을 비롯한 부여·숙신·거란·비려 등과 남방의 백제·신라·가야·왜 등의 주변 세력에 강력한 영향을 주었던 시기다. 이때 광개토왕은 적대적인 세력을 격파하고 일부 세력은 세력권으로 흡수했다. 뒤를 이은 장수왕은 남방에서 고구려에 저항하던 세력의 핵심인 백제를 계속 압박해 결국 수도를 옮겨야 할 정도의 타격을 주었다.

그렇지만 문자왕 대 이후 남방 세력을 심하게 압박하던 고구려는 위축되기 시작했다. 그 결과 백제가 재기하고, 고구려의 영향을 강력하게 받던 신라가 이탈했다. 백제와 신라는 연합해 고구려에 저항하기 시작했고, 남방에 대한 고구려의 영향력도 점차 약화되었다.

이와 때를 맞추어 중원에 통일 제국이 들어섰다. 고구려는 오호십육국 시대의 혼란을 정리하고 들어선 수(隋) 제국의 침략을 여러 차례 겪어야 했다. 이를 격퇴하면서 수 제국이 망하는 지경에까지 이르게 했지만, 고구려가 받은 타격도 컸다.

수를 이어 들어선 당(唐) 제국과는 한동안 평화적인 관계를 맺었다. 그러나 얼마 가지 못하고 충돌이 일어났다. 당 태종이 주도한 첫 번째 침공은 격퇴했지만, 이후 신라와 연합해 감행한 당 고종 때의 침공은 심화된 내분 때문에 극복하지 못했다. 그리고 이는 고구려의 멸망으로 이어졌다.

고구려왕조의 역사는 여기에서 끝났지만, 고구려의 영향까지 끝난 것은 아니다. 700년가량 중원 제국과 다른 체제를 유지해온 지역이 왕조가 멸망했다고 해서 곧바로 중원에 동화·흡수될 수는 없었다. 그렇기 때문에 고구려를 멸망시킨 당 제국도 이 지역을 통제하는 데 애를 먹었다. 그러다 결국 발해라는 왕조가 세워지며 중원 제국과 이질적인 체제가 유지되었다.

제20대, 장수왕

장수왕의 평양 천도

고구려 제20대 왕인 장수왕(長壽王)의 이름은 거련(巨連: 또는 연璉)이고, 광개토왕의 맏아들이다. 기골이 장대하고 "기개가 호탕하며 뛰어났다"는 평을 받았다.

즉위 해인 413년(장수왕 1)에 장사(長史) 고익(高翼)을 동진에 사신으로 보내 붉은 무늬 있는 흰 말을 바쳤다. 동진의 안제(安帝)는 장수왕을 고구려왕(高句麗王) 낙랑군공(樂浪郡公)으로 봉했다.

414년(장수왕 2)에는 이상한 새가 왕궁에 모여들거나, 왕이 사냥을 나가서 흰 노루를 잡거나, 폭설이 내리는 등 현상이 있었다. 하지만 실제로 특별한 변화가 일어나지는 않았다. 단지 같은 해에 장수왕은 부왕인 광개토왕의 훈적비(勳績碑)를 지금의 중국 지린성 지안현 퉁거우[通溝]에 세웠다. 이른바 광개토왕비다.

417년(장수왕 5)에는 고구려에 인질로 와 있던 눌지를 신라로 돌려보내면서, 그가 왕이 될 수 있도록 지원해주었다. 정권을 유지하는 데 불안감을 느낀 실성이 고구려에 눌지를 죽여달라고 부탁했지만, 고구려는 오히려 눌지를 지원해서 정권을 잡게 해주었던 것이다.

실성이 왜와 화친을 꾀하는 등 고구려의 간섭에서 벗어나보려는 시도를 했다는 점이 실성을 제거하고 왕위에 오르도록 눌지를 지원해준 이유였다.

이는 신라에 대한 영향력을 확대하는 의미가 있었다. 그랬음에도 눌지는 다음 해에 박제상(朴提上)을 보내 고구려에 인질로 와 있던 동생 복호를 빼내 갔다. 고구려에서는 그래도 이를 크게 문제 삼지 않았다. 419년(장수왕 7) 5월, 나라의 동쪽에 홍수가 나서 피해를 보자 왕은 사신을 보내 백성을 위문했다.

424년(장수왕 12) 2월에 신라가 사신을 보내오자 왕은 그들을 특별히 후하게 대접했다. 그만큼 고구려와 신라가 더욱 밀

접한 관계가 되었음을 시사한다. 같은 해 9월에는 크게 풍년이 들었다. 왕은 이를 축하해 왕궁에서 신하들에게 잔치를 베풀었다. 425년(장수왕 13)에는 북위에 사신을 보내 조공했다.

427년(장수왕 15)에는 수도를 평양으로 옮겼다. 이 사실 때문에 고구려가 북방에 치중하다가 이때가 되어서야 이른바 '남하(南下) 정책'을 본격적으로 추진한 것처럼 인식하는 경우가 많다. 수도를 평양으로 옮긴 사실을 '본격적으로 남하 정책을 추진하려는 의지의 표현'이라고 해석하는 것이다. 그러나 당시 벌어졌던 사건들을 보면 꼭 그렇지도 않다.

백제에 대한 압박은 소수림왕 때도 지속적으로 가해지고 있었으며, 이러한 흐름은 광개토왕 때까지도 이어지고 있었다. 평양에 아홉 개의 절을 지은 것도, 장수왕 때 평양으로 천도할 수 있는 발판이 되어주었다. 장수왕 이전에도 고구려왕들은 끊임없이 남방에 대한 공략을 염두에 두고 있었던 것이다.

이때의 천도에는 또 다른 의도가 있었다고 보기도 한다. 국내성 일대에 뿌리 깊은 기반을 가진 고구려 귀족 세력을 약화시키고, 국가 운영을 뒷받침할 경제 기반을 확보하려 했다는 것이다.

또한 장수왕이 북방에 대한 외교를 소홀히 한 것은 아니었다. 435년(장수왕 23) 6월, 왕은 북위와 우호 관계를 다졌다.

사신을 보내 나라의 휘(諱)를 알려달라고 한 것이다. 북위의 세조(世祖)는 "그 정성을 가상히 여겨서 황실의 계보와 휘를 적어서 주게 했다"고 한다. 그리고 원외산기시랑(員外散騎侍郎) 이오(李敖)를 보내, 왕을 도독요해제군사(都督遼海諸軍事) 정동장군(征東將軍) 영호동이중랑장(領護東夷中郞將) 요동군 개국공(遼東郡開國公) 고구려왕(高句麗王)으로 삼았다. 장수왕은 그 보답으로 가을에 북위에 사신을 보냈다.

장수왕의 등거리 외교

이러한 우호 관계는 북연을 둘러싼 이권 앞에서 그다지 역할을 하지 못했다. 이때 북연은 고운이 암살당하며 통치자가 바뀌는 격변을 겪었다. 장수왕의 치세 때 북연은, 고운과 가까웠던 풍발(馮跋)이 암살자들을 처벌하며 사태를 수습하고 집권한 이후 손자인 풍홍(馮弘)의 치세로 이어지고 있을 때였다.

또한 한때 우위에 있던 후연이 모용보의 실책으로 북위와의 전쟁에서 고배를 마신 뒤, 북위의 압박에 지속적으로 위협을 받고 있던 때였다. 풍홍의 집권 시기에 이르러서는 국가의 유지조차 어려워진 상황이었다. 고구려와 북위가 우호 관계를 다지고 있던 바로 그해 북연의 풍홍은 "만약 사태가 급하면 고구려에 의지하다가 후일을 도모하겠다"고 하며, 상서(尙書) 양이(陽伊)를 몰래 보냈다.

북연에서 구원을 요청하면서, 바로 다음 해 이로 인한 파란이 일어났다. 436년(장수왕 24), 북연에서는 북위에 조공사절을 보내 복속의 표시로 시자(侍子: 시중드는 사람)을 보내겠다고 청했다. 그러나 북위는 이를 거부하고 북연에 대한 토벌에 나섰다. 또 그 뜻을 고구려에도 알렸다.

그러고 나서 4월, 북위는 북연의 백랑성(白狼城)을 공략해 이겼다. 이에 대응해 장수왕은 갈로맹광(葛盧孟光: 갈만로葛蔓盧·갈거맹광葛居孟光·갈거로맹광葛居盧孟光이라고도 하며, 갈거葛居와 맹광孟光 두 인물로 보기도 함)에게 수만 명의 군사를 주어 북연으로 파견했다. 북연에서 고구려군이 북위군과 대치하는 상황이 된 것이다.

당시 북연의 조정은 고구려에 우호적인 왕 풍홍을 비롯한 친고구려파와 상서령(尙書令) 곽생(郭生)을 중심으로 한 친북위파가 대립하고 있었다. 친북위파가 북연 수도 화룡성(和龍城)의 문을 열고 북위군을 들이려 했지만, 오히려 북위군은 너무 쉽게 진입시켜 주는 데 의심을 품고 주저했다.

5월에 갈로맹광은 그 기회를 놓치지 않고 성에 들어가 무기고를 차지하고 성안을 약탈했다. 그리고 성에 불을 지른 다음 풍홍을 비롯한 백성을 이끌고 고구려로 돌아왔다. 이때 불은 열흘이 되도록 꺼지지 않았고, 피난하는 대열의 길이가 80여 리에 이르렀다고 한다.

북위 측은 이러한 사태에 민감하게 반응했다. 산기상시(散騎常侍) 봉발(封撥)을 보내 풍홍을 북위로 압송하라고 요구한 것이다. 그렇지만 장수왕은 사신을 북위에 보내 「표(表)」를 올리면서 "풍홍과 함께 가르침을 받들 것"이라고 핑계를 대면서 사실상 거부의 뜻을 전했다. 분개한 북위는 군대를 보내 응징하려 했으나, 일부 신하들이 말려 실행에 옮기지는 않았다. 그러자 장수왕은 다음 해인 437년(장수왕 25) 2월에 사신을 북위로 보내 조공하면서 무마를 시도했다.

이와 같이 풍홍 때문에 북위와 갈등을 빚었지만, 정작 풍홍과의 밀월도 오래가지는 않았다. 풍홍이 요동에 도착했을 때 장수왕은 사신을 보내 위로하고 "용성왕(龍城王) 풍군(馮君)이 벌판으로 행차하느라고 군사와 말이 피곤하겠습니다"라고 전한 적이 있었다.

이 말에 모욕을 느낀 풍홍은 천자를 자칭하면서 장수왕을 꾸짖었다. 천자를 자칭하던 풍홍이 평소 고구려를 우습게 알았다가 용성왕 운운에 모욕감을 느낀 것이 이런 태도로 나타났던 것이다. 풍홍은 망명객의 신세가 되었음에도 여전히 자기 나라에서 하듯이 처신했다.

438년(장수왕 26) 3월, 이런 갈등은 결국 문제로 불거졌다. 풍홍의 행각에 화가 난 장수왕은 시중을 들던 사람을 빼앗아버리고 풍홍의 태자 왕인(王仁)을 인질로 잡았다. 여기에 앙심을 품은 풍홍은 북위와 대립하던 중국 남조(南朝)의 송(宋)에 사신을 보내 망명 의사를 밝혔다. 그러자 고구려와 송 사이에도 분쟁이 일어났다.

송 태조(太祖)는 풍홍의 요청에 사신 왕백구(王白駒) 등을 보내 맞이할 뜻을 밝히고, 고구려 측에도 풍홍을 보내달라고 요구했다. 그러나 장수왕은 북위와 갈등을 빚어가면서까지 확보한 풍홍을 그냥 내줄 생각이 없었다. 장수왕은 평곽(平郭)에 풍홍의 거주지를 마련해주었다가 얼마 가지 않아 북풍(北豊)으로 옮긴 바 있었다. 풍홍이 문제는 일으키자 장수왕은 휘하 장수 손수(孫漱)와 고구(高仇) 등을 풍홍이 거주하던 북풍으로 보내 풍홍과 일족 10여 명을 죽여버렸다.

풍홍을 데려가려 고구려에 왔던 왕백구 등은 이 사태를 보고 분개했다. 그리고 거느리고 온 군사 7,000여 명을 이끌고 손수와 고구를 습격해 고구를 죽이고 손수를 사로잡았다.

장수왕의 입장에서는 자신의 나라에서 자신의 명령을 수행한 장수가 외국 사신에게 살해당한 사태를 묵과할 수 없었다. 장수왕은 왕백구 등 송의 사신단을 잡아 살인에 대한 처벌 요구와 함께 본국으로 압송했다. 송 측에서도 고구려의 비위를 거스르지 않으려 일단 송환된 왕백구 등을 감옥에 가두었다. 이는 물론 고구려를 의식한 행동이었을 뿐이고, 얼마쯤 시간이 지나자 그들을 풀어주었다. 풍홍 문제 때문에 홍역을 치른 장수왕은 다음 해인 439년(장수왕 27) 11월과 12월에 연이어 북위에 조공 사절을 보냈다.

중원 제국과의 문제가 어느 정도 정리가 되던 450년(장수왕 38), 신라인이 변경의 고구려 장수를 습격해서 죽이는 일이 벌어졌다. 이에 진노한 장수왕은 군사를 일으켜 토벌하려고 했으나 사태가 심각하게 번지지는 않았다.

신라왕이 사신을 보내 사죄했고, 이것으로 신라인들이 고구려 장수를 살해한 사건은 일단 마무리되었다. 그렇지만 4년 후인 454년(장수왕 42) 7월, 장수왕은 군사를 보내 신라의 북쪽 변경을 침략했다. 눌지 또한 고구려의 압박에서 벗어나려는 시도를 포기하지는 않았던 것이다. 중원고구려비(中原高句麗碑)에 나오는 내용을 감안하면 고구려가 신라를 속국처럼 취급하기 시작한 것 같다. 그 바람에 고구려와 신라의 관계는 회복이 어려울 지경으로 멀어지기 시작했다.

454년(장수왕 42), 고구려의 신라 침공은 이러한 앙금이 완전히 사라지지 않은 상태에서 두 나라 사이에 뭔가 문제가 생겼음을 보여준다. 다음 해 신라는 고구려의 침공을 당한 백제에 병력을 파견해주었다. 그래도 갈등은 여기서 일단 그

치고 몇 년 동안 신라와의 분쟁이 나타나지 않는다.

다음 해에는 다시 중원 제국과의 관계를 다지는 조치들이 나타난다. 455년(장수왕 43)에는 송에 사신을 보내 조공했다. 그리고 462년(장수왕 50) 3월에는 북위에 사신을 보내 조공했다. 다음 해인 463년(장수왕 51)에는 다시 송에 사신을 보냈고, 송의 세조 효무황제(孝武皇帝)는 장수왕을 거기대장군(車騎大將軍) 개부의동삼사(開府儀同三司)로 책봉해주었다. 그리고 2년 후인 465년(장수왕 53) 2월과 그다음 해 3월에는 또 북위에 사신을 보내 조공했다.

그런데 466년(장수왕 54)에 있었던 교섭에는 의미심장한 일화가 나온다. 당시 북위의 실세였던 문명태후(文明太后)가 의붓아들 헌문제(獻文帝)의 후궁 중 한 명을 고구려 공주로 맞아들이겠다는 뜻을 전해왔다. 장수왕은 "자신의 딸은 이미 출가했으니, 아우의 딸을 보내겠다"고 해서 합의를 이끌어냈다. 그리고 북위 측에서는 폐백을 보내기 위한 사신을 파견해 왔다.

그런데 이때 누군가 장수왕에게 충고를 했다. 북위는 북연과 혼인을 한 뒤 얼마 되지 않아 북연에 대한 정벌을 감행했다는 것이다. 사신을 파견해 그 나라 지리를 파악한 다음 침공했다는 뜻이니, 이번 혼사도 거절해야 한다는 논리였다. 이를 받아들인 장수왕은 아우의 딸이 죽었다는 핑계를 대며

혼사를 무산시켰다.

북위에서는 눈치를 채고 사신을 보내 항의하며 "정말 아우의 딸이 죽었다면, 왕실의 다른 여자를 뽑아 보내라"는 요구를 해왔다. 장수왕은 이 요구를 받아들이겠다는 뜻을 밝혔으나 시간을 끄는 사이에 헌문제가 사망했고, 자연스럽게 혼사는 중지되었다. 그리고 다음 해인 467년(장수왕 55) 2월, 고구려는 북위에 사신을 보내 조용히 마무리 지었다.

이와 같이 장수왕은 중국 남조의 송과 3북조의 북위가 대립하는 가운데 각국과 상황에 맞는 외교 관계를 맺으며 안정된 상태를 유지했다.

고구려와 주변 국가의 갈등

북방의 정세를 안정시킨 뒤인 468년(장수왕 56) 고구려는 말갈(靺鞨) 군사 1만 명을 동원해 신라와의 국경 지역에 있는 실직성(悉直城)을 습격해 빼앗았다. 신라는 이에 대비하느라 많은 성을 한꺼번에 쌓거나 수리했다. 그러자 다음 해인 469년(장수왕 57) 8월에 백제군이 남쪽 변경으로 쳐들어왔다. 백제와 신라가 고구려에 공동으로 대처하는 양상이 나타나기 시작한 것이다.

이렇게 신라·백제와 전쟁을 치르는 와중에도 장수왕은 북위에 조공 사절 보내기를 잊지 않았다. 471년(장수왕 59)에는 백성 노구(奴久) 등이 위나라로 달아나는 사건이 있었다. 이때 이들이 집과 밭을 하사받았다는 기록이 나타나는 것으로 보아, 이들의 귀순이 북위 측에 뭔가 정치적인 이익을 가져다주었던 것이라 추정해볼 수 있다.

이들의 망명 배경이 무엇이었는지 확인하기는 어렵지만, 그럼에도 북위로 파견되는 고구려의 조공은 더 잦아졌다. 다음 해인 472년(장수왕 60) 2월과 7월, 두 차례에 걸쳐 북위에 조공사절이 파견되었는데, 이때 이후로 공물 바치는 것이 이전의 배가 되었다고 한다. 물론 그 보답으로 북위 측의 회사품도 조금 늘어났다. 474년(장수왕 62)의 경우는 북위에만 두 번의 조공 사절이 파견되었고, 이와 함께 남조의 송에도 조공 사절을 보냈다.

이렇게 장수왕이 북위를 중심으로 한 중원 제국과의 교류에 힘을 쓴 이유가 있다. 백제에서 북위에 고구려를 침공하도록 공작을 하고 있었기 때문이다. 백제의 개로왕(蓋鹵王)은 472년 북위에 사신을 보내 고구려 공격을 요청했다. 그러나 북위가 이를 거절하면서 이 사실이 고구려에 알려졌다.

고구려는 이를 계기로 백제 공격을 준비했다. 475년(장수왕 63)에는 2월과 8월, 북위에 조공사절을 파견한 후 9월 장수왕이 직접 3만 명의 군대를 거느리고 백제 공략에 나섰다. 이 침공에서 장수왕은 백제의 수도 한성(漢城)을 함락시켜 개로왕을 죽이고, 남녀 8,000명을 사로잡아 돌아왔다. 이 침공 때문에 백제는 도읍을 웅진(熊津)으로 옮겨야 했다.

이 침공을 감행한 다음 해인 476년(장수왕 64)에는 북위에 세 차례나 조공 사절을 파견했으며, 478년(장수왕 66)에는 이에 발맞추어 송에도 조공 사절을 파견한 사실이 나타난다. 그리고 같은 해에 백제의 연신(燕信)이 항복해오는 사건도 있었다.

이렇게 송과 같은 중국 남조에도 지속적으로 사신을 파견했던 것은, 북위와 우호적으로 지내면서도 언제 생길지 모르는 사태에 대비하려는 의도였다. 장수왕은 중국 남조뿐 아니라, 북방 민족 중에서 북위와 적대 관계에 있던 유연(柔然 또는 연연蠕蠕·여여茹茹·예예芮芮)과도 우호 관계를 맺었다. 479년(장수왕 67)에는 흥안령(興安嶺) 산맥 일대에 거주하던 지두우(地豆于)의 분할 점령을 꾀하고 거란에 대해 압력을 가하기도 했다.

중원과 북방 세력의 관계를 이용해서 고구려의 안정을 꾀하려는 장수왕의 외교 정책은 작은 해프닝을 일으키기도 했다. 480년(장수왕 68) 4월, 장수왕은 479년에 나라를 세운 남제(南齊)에 여노(餘奴) 등을 조공 사절로 보냈다. 이에 화답해 남제의 태조(太祖) 소도성(蕭道成)은 왕을 표기대장군으로 책봉했다.

그런데 이 과정에서 외교적 갈등이 빚어졌다. 북위 광주(光州) 사람이 자신의 바다를 지나던 여노 등을 붙잡아 북위로 압송한 것이다. 고구려가 자신뿐 아니라 남제 측과도 우호 관계를 유지하려 하는 사실을 확인하게 된 북위 측에서는 고조(高祖)가 친히 장수왕에게 「조서(詔書)」를 보내 이렇게 책망한다.

"소도성이 그 임금을 죽이고, 강남에서 황제라는 칭호를 도용하고 있다. 짐은 망한 나라를 다시 일으켜 끊긴 대를 유(劉) 씨에게 잇게 하려 한다. 그런데 경은 우리 국경을 지나 찬탈한 도적 같은 자들과 통교하고 있으니, 이를 어찌 절개를 지키는 번신(藩臣: 왕실을 지키는 중신)의 의리라 하겠는가? 단 한 번의 잘못으로 이전까지 보여주었던 경의 정성을 무시할 수 없어 사신을 돌려보내기는 해주겠으니, 이에 감사하고 잘못을 새기고 법도를 받들어 지킬 것이며, 그대의 백성을 안심시키고 동정을 보고하라."

그러나 장수왕은 다음 해인 481년(장수왕 69) 보란 듯이 조공 사절을 남제에 보냈다. 이러했음에도 북위에서는 고구려에 대해 별다른 조치를 취하지 못했다. 같은 해에 고구려가 신라를 침공해 호명성(狐鳴城) 등 7성을 함락시키고, 미질부 (彌秩夫)까지 진군했다가 백제와 가야의 구원군에 격퇴당했다. 이후 비슷한 공방전이 몇 차례 되풀이되며 남방 세력과의 충돌은 있었지만, 북위와의 충돌 기록이 보이지 않았다.

오히려 몇 년 후에는 북위가 고구려의 국제적인 지위를 인정하는 사건이 일어났다. 484년(장수왕 72) 10월에 고구려 사신이 북위 파견되었을 때 북위에서는 경쟁자인 남제 사신을 첫 번째로 대우해주면서, 바로 다음 자리에 고구려 사신을 배치했다. 남제에서 "중원을 두고 겨루는 우리가 어찌 동이(東夷)의 사신과 비슷한 대우를 받도록 하느냐"며 항의했지만, 북위에서는 이를 묵살해버렸다. 고구려에서도 북위의 배려에 화답하듯 이후 5년에 걸쳐 북위에 조공 사절을 보낸 내용만이 기록에 남아 있을 정도로 자주 사절을 파견했다.

이렇게 북위에 보낸 조공 사절에 관한 기록만이 5년 정도 지속된 이후인 489년(장수왕 77) 9월에 "신라의 북쪽 변경을 침공해서 호산성(狐山城)을 함락시켰다"는 사건이 일어난다. 이후로 3년 정도는 북위에 조공 사절을 보낸 내용만이 나타난다.

그러던 491년(장수왕 79) 12월에 왕이 죽었다. 당시 나이가 98세여서, 왕호를 장수왕이라 했다고 한다. 그의 죽음을 들은 북위 효문제(孝文帝)는, 흰 위모관(委貌冠)과 베 심의(深衣)를 지어 입고 동쪽 교외에서 애도를 표했다. 이어 알자(謁者) 복야(僕射) 이안상(李安上)을 보내 장수왕을 '거기대장군 태부(太傅) 요동군 개국공 고구려왕'으로 벼슬을 더해 책봉하고, 강(康)이라는 시호도 내려주었다. 나름대로 북위 측에서 당시 고구려와 그 통치자인 장수왕을 비중 있게 보고 있었다는 뜻이 되겠다.

제21대, 문자명왕

안정된 북방의 정세

장수왕의 뒤를 이은 고구려 제21대 왕인 문자명왕(文咨明王: 또는 명치호왕明治好王)의 이름은 나운(羅運)이고, 장수왕의 손자다. 아들이 아닌 손자가 뒤를 이은 이유는 장수왕이 너무 오래 살아 아들이 먼저 죽었기 때문이다. 문자명왕의 아버지는 고추대가인 조다(助多)라고 되어 있다. 그가 일찍 죽자, 장수왕이 손자를 궁중에서 기르면서 대손(大孫)으로 삼았다고 한다.

문자명왕 즉위 원년인 492년 3월, 북위 효문제는 사신을 보내 왕을 '사지절(使持節) 도독요해제군사 정동장군 영호동이중랑장 요동군개국공 고구려왕'으로 임명하고, 의관·복물(服物)·거기(車旗) 장식을 주었다. 그러면서 문자명왕에게 "세자를 보내 입조케 하라"는 요구를 해왔다. 그러나 문자명왕은 병을 이유로 북위 측의 요구를 거절하고, 종숙(從叔)인 승천(升千)을 보냈다. 문제가 될 수도 있는 상황이었지만, 고구려와 북위의 관계는 무난하게 풀렸다. 이후 반년도 안 되는 시간 동안 고구려는 북위에 세 차례나 사신을 파견했다는 기록이 나온다.

이후로도 북방의 정세는 안정 기조를 유지했다. 493년(문자명왕 2) 10월에 지진이 일어나는 해프닝이 있었지만, 다음 해인 494년(문자명왕 3) 2월에는 부여왕과 처자가 나라를 들어 항복해 오는 경사가 있었다.

분쟁은 남방에서 주로 일어났다. 같은 해 7월, 고구려군은 신라인들과 살수(薩水: 청천강) 들판에서 전투를 벌였다. 신라 측이 전투에서 패하고 견아성(犬牙城)으로 들어가 농성하자, 고구려군은 이곳을 포위했다. 그러나 백제가 군사 3,000명을 보내 구원에 나서는 바람에 고구려군은 후퇴해야 했다.

이런 와중에도 북위나 남제에는 빈번하게 사신을 보냈다. 남제에서는 문자명왕을 '사지절 산기상시(散騎常侍) 도독영평이주(都督營平二州) 정동대장군 낙랑공'으로 책봉했다. 이에 아랑곳하지 않고 문자명왕은 사신을 북위에 보냈다. 같은 해 10월에 복숭아와 자두꽃이 피는 이변이 있었다.

다음 해인 495년(문자명왕 4)에도 북방은 편안했다. 두 차례 북위에 조공 사절을 파견한 것, 심한 가뭄이 든 사실 등이 나타날 뿐이다.

이해에도 주목할 만한 분쟁은 남방에서 일어났다. 문자명왕은 7월에 남쪽으로 순수해 바다에 제사 지내고 돌아왔다. 그리고 8월, 군대를 보내 백제 치양성(雉壤城)을 포위했다. 공격당한 백제는 전년도에 구원군을 보내준 바 있는 신라에 구원을 요청했고, 신라 측에서는 장군 덕지(德智)에게 구원군을 주어 보냈다. 이번에도 백제와 신라의 연합에 고구려는 물러나야 했다.

496년(문자명왕 5)에도 남제에서 고구려왕을 승진시켜 '거기장군'으로 책봉해주고, (문자명왕은) 보답으로 남제에 조공 사절을 보내며 중원 제국과 무난한 외교를 지속시켰다. 그런 후인 7월, 문자명왕은 신라 우산성(牛山城) 공략에 나섰다. 그러나 이때는 백제군의 개입 없이도, 신라군이 이하(泥河) 가까지 나와 반격해 고구려군을 패퇴시켰다. 그러자 문자명왕은 다음 해인 497년(문자명왕 6) 8월에 군사를 보내 기어코 신라 우산성을 빼앗아버렸다.

이후 6년가량은 주변 국가와 분쟁 기록이 나타나지 않는다. 498년(문자명왕 7) 정월에는 왕자 흥안(興安)을 태자로 삼았고, 7월에는 금강사(金剛寺)를 창건했다는 내용이 나타날 뿐이다. 다음 해인 499년(문자명왕 8)에는 백제 백성이 굶주려 2,000명이 투항해 왔다고 한다.

2년 정도 북위에 조공 사절 보낸 기록만 되풀이된 후인 502년(문자명왕 11) 8월에는 병충해를 입었고, 10월에는 지진이 나서 백성의 집이 무너지고 사망자가 발생했다.

이해에 중국 남조에서는 남제가 무너지고 양(梁)이 세워졌다. 소보권(蕭寶卷)이 남제의 제6대 황제로 즉위하면서, 극단적인 측근 정치와 매우 사치스러운 생활을 하는 바람에 민심을 잃고 정국은 매우 어지러워졌다. 이 때문에 반란이 여러 번 일어났다. 그러던 중 당시 13세였던 소보권의 동생 소보융(蕭寶融)을 옹립해 일어난 '소연(蕭衍)의 반란'은 결정타였다. 반란이 성공한 후 황제로 등극한 소보융이 남제의 마지막 황제인 화제(和帝)다. 하지만 소연은 다음 해 화제로부터 선양을 받아 양을 세웠다.

이렇게 해서 나라를 세운 소연이 양의 무제(武帝)다. 그는 즉위한 해 4월에 문자명왕에게 거기대장군의 지위를 더해주었다.

빈번해진 백제와의 충돌

그런데 이해 11월에 백제가 국경을 침범했다. 침공 결과에 대한 구체적인 기록도 없고, 다음 달인 12월에 북위에 조공 사절을 보낸 내용만이 간단하게 나타나는 점으로 보아 대규모의 충돌은 아니었던 것 같다.

다음 해인 503년(문자명왕 12) 11월에도 백제는 달솔(達率) 우영(優永)에게 군사 5,000명을 주어 수곡성(水谷城)으로 쳐들어왔다. 그러나 이 침공 또한 심각한 결과를 불러왔다는 내용이 나타나지 않는 점으로 보아, 이전까지 계속되던 백제와의 지엽적 충돌의 맥락이었던 것으로 보인다.

다음 해인 504(문자명왕 13)부터는 2~3년 동안 백제를 비롯한 남방 세력과의 충돌이 보이지 않는다. 4월, 북위에 조공 사절을 파견한 내용이 나타날 뿐이다. 이 자체야 계속해서 나타나는 고구려와 북위의 교류 기록일 뿐이지만, 이때는 의미심장한 에피소드가 있다. 북위 세종(世宗)이 고구려 사신 예실불(芮悉弗)을 동당(東堂)으로 불러들여 나눈 대화가 남아 있는 것이다.

대화의 내용은 대충 이랬다. 고구려 사신 예실불은 북위 세종에게 "우리나라는 여러 대에 걸쳐 대국에 정성을 다해 토산물을 바쳐 왔다. 이 가운데 황금은 부여에서 나고, 흰 마노[珂: 보석의 일종]는 섭라(涉羅)에서 난다. 그런데 최근 부여는 물길(勿吉)에게 쫓겨났고, 섭라는 백제에 병합되었다. 이 두 도적 때문에 두 물건을 구할 수가 없다"고 전했다.

예실불의 말에 북위 세종은 "고구려는 대대로 상국(上國)의 도움으로 해외에서 구이(九夷: 중국 동쪽의 아홉 오랑캐)의 오랑캐를 모두 다스려왔다. 작은 술그릇이 비는 것은 큰 술병의 수치이듯, 조공에 문제가 생긴 책임은 고구려왕에게 있다. 해로운 무리를 없애 동방의 백성을 편안하게 하는 동시에, 부여·섭라 두 곳을 되찾아서 토산물을 빠짐없이 일정히 조공하게 하라는 짐의 뜻을 경의 임금에게 전하라"고 응수했다.

이 내용에서 나타나듯이, 북위 세종이 고구려 사신 예실불을 만나 나눈 대화의 주제는 고구려에서 북위에 제공하는 공물 문제였다. 즉 고구려에서 황금과 흰 마노가 공물에서 빠지게 된 이유를 부여와 섭라의 멸망 때문이라고 핑계를 대자, 북위에서 공물이 빠진 책임은 고구려에 있으니 다른 세력을 핑계로 황금과 흰 마노를 공물에서 제외하지 말라는 것이다.

그런데 이런 내용을 두고 "고구려가 중원 제국의 속국으로 황제 대신 동이(東夷) 여러 나라를 관할했다"고 보거나, 북위가 고구려에 대해 '서로의 세력권을 인정하는 병존의 방책'을 썼던 근거라 주장하기도 한다.

506년(문자명왕 15) 8월, 왕이 용산의 남쪽으로 사냥하다 5일 만에 돌아왔다는 내용이 나타난다. 같은 해 9월을 비롯해 507년(문자명왕 16) 10월, 508년(문자명왕 17) 5월과 12월, 509년(문자명왕 18) 5월, 510년(문자명왕 19) 윤6월과 12월, 512년(문자명왕 21) 5월, 513년(문자명왕 22) 정월과 5월, 12월, 514년(문자명왕 23) 11월, 515년(문자명왕 24) 10월, 517년(문자명왕 26) 4월, 518년(문자명왕 27) 2월과 4월, 5월 등 거의 해마다 북위에 조공 사절을 파견했다.

그리고 508년(문자명왕 17), 양나라 고조는 고구려왕을 무군대장군(撫軍大將軍) 개부의동삼사로 책봉했다. 이후 512년(문자명왕 21) 봄 3월과 516년(문자명왕 25) 4월 등에 양나라에 조공 사절을 파견했다. 그렇지만 이 기록에는 단순한 파견 사실 이외에는 별다른 내용은 없다.

506년(문자명왕 15)부터 또다시 백제와 분쟁이 잦아졌다. 이해 11월에는 장수를 보내 백제를 쳤으나, 큰 눈이 내려 사졸들이 동상을 입고 돌아왔다. 다음 해인 507년(문자명왕 16)에도 장수 고노(高老)를 보내, 말갈과 함께 백제의 한성을 공략하려 했다. 그래서 횡악(橫岳) 아래에 주둔했는데, 백제의 반격을 받고 물러났다. 512년(문자명왕 21) 9월에도 백제 침공을 감행해 가불(加弗)·원산(圓山) 두 성을 함락시키고, 남녀 1,000여 명을 사로잡았다.

이후 6년 정도 별다른 기록이 나타나지 않다가 518년(문자
명왕 27) 3월에 폭풍이 불어 나무가 뽑혔으며, 왕궁 남문이 저
절로 무너지는 해프닝이 있었다. 그리고 다음 해인 519년(문
자명왕 28)에 왕이 죽었다.

당시 북위에는 황제인 숙종(肅宗)의 나이가 어려 태후인
영태후(靈太后)가 실권을 잡고 있었다. 『삼국사기』에는 황제
가 아닌 영태후가 문자명왕에게 애도를 표시하고 "사신을
보내 거기대장군으로 책봉했다"는 내용이 나타난다.

제22대, 안장왕

고구려 사신, 북위군에게 붙잡혀 패물 잃어

문자명왕이 죽자, 498년(문자명왕 7)에 태자로 책봉되었던 맏아들 흥안이 즉위했다. 이 사람이 고구려 제22대 왕인 안장왕(安臧王)이다.

안장왕이 즉위한 다음 해인 520년(안장왕 2)에 외교와 관련된 해프닝이 있었다. 정월, 양나라에 조공 사절을 파견해 '영동장군(寧東將軍) 도독영평이주제군사(都督營平二州諸軍事) 고구려왕'으로 책봉을 받는 것까지는 일상적인 일이었다.

그런데 2월, 양나라 고조가 안장왕에게 줄 의관·칼·패물을 가지고 파견된 사신 강주성(江注盛)이 고구려로 오던 중에 바다에서 북위군에게 붙잡혀 낙양(洛陽)으로 압송되어버린 것이다.

그렇지만 이는 글자 그대로 해프닝에 불과했다. 장수왕 때 남제에 파견된 사신이 붙잡혀 경고를 받은 바도 있었건만, 이때도 북위는 별다른 조치를 취하지 못했다. 오히려 북위 측은 안장왕을 '안동장군 영호동이교위 요동군개국공 고구려왕'으로 책봉했다. 더욱이 안장왕은 9월에 또다시 양나라에 조공 사절을 파견했다.

521년(안장왕 3) 4월, 왕은 선조들이 해왔던 관례대로 졸본으로 행차해 시조묘에 제사 지냈다. 그런데 졸본에서 돌아오던 5월, 안장왕은 지나가던 길에 있는 주읍(州邑)의 가난한 자들에게 한 사람에 곡식을 3곡(斛)씩 주었다.

523년(안장왕 5), 봄에 가물었고 10월에 기근이 들어 창고를 열어 구제한 일이 있었다. 그리고 이 사이인 8월에 "군사를 보내 백제를 침략했다"는 기록만 간단히 나타난다. 같은 해 11월, 위나라(북위)에 보내 사신을 조회[朝覲]하고 좋은 말 10필을 바친 후, 526년(안장왕 8) 3월과 527년(안장왕 9) 11월에는 양나라에 조공 사절을 파견했다.

529년(안장왕 11) 3월, 왕은 황성(黃城)의 동쪽에서 사냥을 했고, 10월에는 오곡(五谷)에서 백제와 싸워 이기고 2,000여 명을 죽이거나 사로잡는 전과를 올렸다. 이를 마지막으로 안장왕은 즉위한 지 13년 만인 531년 5월에 죽었다.

『삼국사기』에는 양나라의 역사서인 『양서(梁書)』에 "안장왕이 재위 8년째인 보통(普通) 7년(526)에 죽었다"고 잘못 기록된 사실을 지적하고 있다.

제23대, 안원왕

혼란스러운 북위의 상황

안장왕의 뒤를 이은 고구려 제23대 왕인 안원왕(安原王) 의 이름은 보연(寶延)이고, 평소 안장왕이 아꼈던 아우다. 그랬던 터라, 아들 없이 죽은 안장왕의 뒤를 이었다. 키가 일곱 자 다섯 치에 이를 만큼 컸고, 도량도 키에 걸맞을 만큼 컸다 는 평가를 받았다. 즉위하면서 양나라 고조로부터는 전왕인 안장왕과 같은 작위를 받았다.

즉위한 다음 해인 532년(인원왕 2) 3월에는, 북위로부터도 '사지절 산기상시 영호동이교위(領護東夷校尉) 요동군개국공 고구려왕'으로 책봉을 받고 의관·수레·깃발 장식도 받았다. 안원왕은 북위로부터 책봉을 받고도, 4월과 11월에는 양나라에 조공 사절을 보냈다. 물론 그 사이인 6월에는 북위에 조공 사절을 파견했다.

533년(안원왕 3) 정월에는 왕자 평성(平成)을 태자로 삼았고, 2월에는 북위에 조공 사절을 보냈다. 이것이 북위에 보낸 마지막 조공 사절이었다. 다음 해인 534년(안원왕 4) 북위에 정변이 일어나 정권에 바뀌었기 때문에 사절을 보낼 필요가 없었던 것이다.

523년에 있었던 지방 군대의 반란인 이른바 '육진(六鎭)의 난'으로 유발된 혼란을 수습하는 과정에서, 북위 조정의 실세였던 영태후가 황제를 살해하는 사태가 일어났다. 그러자 변경에서 세력을 키우던 이주영(爾朱榮)이 이를 명분으로 삼아 수도 낙양으로 진입했고, 원자유(元子攸)를 효장제(孝莊帝)로 옹립했다. 그와 함께 태후와 세 살 난 황족까지 황하에 던져 죽이며 승상을 비롯한 대신(大臣) 1,000여 명을 처형했다. 그러자 이주영이 옹립한 효장제마저 위협을 느꼈다.

530년 효장제는 이주영이 입궐한 틈을 노려 그를 죽였지만, 3개월 후 낙양을 급습한 이주영의 조카 이주조(爾朱兆)의 군대에 사로잡혀 살해당했다. 하지만 이 시기 이주 씨 일족에 대한 반감이 퍼져 저항 운동이 벌어져, 이주영의 부하였던 고환(高歡)이 배신하고 이주 씨 일족을 물리치며 낙양에 입성했다. 고환은 황제를 마음대로 바꾸며 534년 10월 수도를 업(鄴)으로 옮겼다. 북위 황실이 황제 자리를 차지하고는 있었으나, 실권은 완전히 고환 일가에게 넘어간 것이다. 보통 이때를 동위(東魏)가 세워진 시점으로 본다.

이 영향을 받아 고구려도 534년(안원왕 4)에 동위에서 표기대장군(驃騎大將軍)을 더한 작위를 받았다. 안원왕은 동위에도 조공 사절을 보내며 우호 관계를 유지했다.

535년(안원왕 5) 2월, 양나라에 조공 사절을 보낸 후 국내에서는 재난이 이어졌다. 5월에 나라의 남쪽에 홍수가 나서 집이 떠내려가고 죽은 자가 200여 명이나 되었다. 10월에는 지진, 12월에는 천둥이 치고 전염병이 크게 돌았다. 다음 해인 536년(안원왕 6) 봄과 여름에도 크게 가물어, 사신들을 보내 굶주린 백성을 위로했다. 이러한 노력에도 불구하고 8월에는 병충해를 입었다. 그래도 동위에 조공 사절을 보내는 일을 잊지 않았다.

537년(안원왕 7) 3월에도 기근이 들자, 왕은 친히 나라 안을 돌며 위무하고 다녔다.. 이해 12월과 539년(안원왕 9) 5월에 동위에 조공 사절을 파견한 기록이 이어지고 있다.

540년(안원왕 10) 9월, 백제가 침공해서 우산성을 포위하자, 왕은 기병 5,000명을 보내 격퇴하는 일이 있었다. 이후에는 기상이변과 조공 사절 파견 기록만이 나온다. 이해 10월에 복숭아와 자두꽃이 피었고, 542년(안원왕 12) 3월에 바람이 크게 불어 나무가 뽑히고 기왓장이 날아갔으며, 4월에 우박이 내리는 일이 있었다. 그리고 541년(안원왕 11) 3월에는 양나라에, 540년(안원왕 10) 12월, 542년(안원왕 12) 12월, 543년(안원왕 13) 11월, 544년(안원왕 14) 11월에는 동위에 조공 사절을 파견했다.

그러던 545년(안원왕 15) 3월에 왕이 죽었다.『삼국사기』에는 『양서』에서 안원왕이 죽은 시기를 548년으로 잘못 기록하고 있음을 지적하고 있다.

제24대, 양원왕

계속되는 백제와의 분쟁

고구려 제24대 왕인 양원왕(陽原王, 또는 양강상호왕陽崗上好王)은 안원왕의 맏아들로 이름은 '평성'이다. 나면서부터 총명하고 지혜가 있었으며, 어른이 되어서는 뛰어난 기개와 호탕함을 가지고 있었다는 평가를 받았다. 533년(안원왕 3)에 태자로 책봉되었고, 부왕이 죽은 다음 즉위했다.

즉위 후 첫 번째로 나타난 기록은 12월에 사신을 동위에 조공 사절을 파견한 것이다. 그리고 이 기조는 다음 해 11월, 양원왕 3년(547), 4년, 5년으로 이어졌다. 즉위한 다음 해인

546년(양원왕 2)에는 2월에 수도의 배나무 가지가 서로 붙었고, 4월에 우박이 내리는 이변이 있었다.

그런데 이듬해 7월에는 백암성(白巖城)을 고쳐 쌓고, 신성(新城)을 수리하는 등 전쟁에 대비하는 모습이 보인다. 그리고 548년(양원왕 4) 정월, 예(濊)의 군사 6,000명으로 백제의 독산성(獨山城)을 침공하는 일이 이어졌다. 이 침공은 신라 장군 주진(朱珍)이 백제를 구원하러 와주는 바람에 별 전과를 거두지 못하고 물러났다. 전쟁에서 큰 성과를 거두지 못했음에도, 9월에는 환도에서 상서로운 벼이삭을 바쳤다.

백제와 분쟁은 한 해를 건넌 550년(양원왕 6)으로 이어졌다. 이해 정월, 백제가 침범해와서 도살성(道薩城)을 함락시켰다. 그 보복으로 양원왕은 3월에 백제 금현성(金峴城)을 공략했다. 그런데 이후 신라가 이 틈을 타서 두 성을 빼앗아갔다는 기록이 나온다. 여기에는 조금 복잡한 속사정이 있으나, 이는 백제와 신라를 다루면서 밝히기로 한다.

이해에 주목되는 또 한 가지 사실은 6월에 북제(北齊)에 조공 사절을 파견했다는 점이다. 이는 명맥만 유지하던 북위 황실이 중원에서 완전히 밀려나면서 북제가 세워진 사태와 연관이 있기 때문이다. 9월에 북제는 양원왕을 '사지절 시중(侍中) 표기대장군 영호동이교위 요동군개국공 고구려왕'으로 책봉해주었다. 이후 북제와는 우호 관계가 이어졌다.

551년(양원왕 7) 5월에도 북제에 조공 사절을 보냈다. 이와 같이 북제를 비롯한 중원 제국과는 우호적으로 지낸 반면, 그 이외의 세력과는 분쟁이 이어졌다. 같은 해 9월에 돌궐(突厥)이 신성을 침공해 와서 포위했으나, 함락시키지 못하자 방향을 바꾸어 백암성을 공격했다. 그러자 양원왕은 장군 고흘(高紇)에게 군사 1만 명을 주어 보내 돌궐을 격퇴시키고, 1,000여 명을 죽이거나 사로잡는 전과를 올렸다. 4년 전 백암성과 신성, 두 성을 보강해놓은 노력이 효과를 본 셈이다.

이렇게 북방의 침공은 효과적으로 격퇴한 반면, 남방에서는 신라가 공격해와서 10성을 빼앗아갔다는 기록이 나온다. 물론 이 사태는 신라가 단독으로 침공해와 고구려의 10성을 빼앗았다는 뜻이라기보다, 백제의 한강 지역 공략에 편승해서 그 성들을 탈취해간 사실을 말한다. 이 또한 자세한 사정은 백제와 신라에 대해 다루면서 얘기해야 할 것 같다.

552년(양원왕 8)에는 장안성(長安城)을 쌓았다. 그리고 554년(양원왕 10) 겨울에 백제 웅천성(熊川城)을 공격했으나 전과를 거두지 못했다. 이 또한 백제가 신라를 공략했다가 실패한 관산성 전투 이후의 틈을 노린 것이었으나, 고구려가 생각한 것보다 백제가 받은 타격이 크지 않았음을 보여준 사건으로 여겨진다.

이후로는 역사적으로 크게 주목받지 못하는 사건들이 나

타난다. 같은 해 12월 그믐에 일식이 있었고, 얼음이 얼지 않았다. 그리고 555년(양원왕 11) 10월에 호랑이가 서울에 들어와 사로잡고, 11월에 금성[太白]이 낮에 나타났다. 또 사신을 북제에 보내 조공한 사실도 이 시점에 기록되어 있다.

557년(양원왕 13) 4월에 왕자 양성(陽成)을 태자로 삼고, 내전(內殿)에서 여러 신하에게 잔치를 베풀었다. 그리고 이해 10월에 환도성간(干) 주리(朱理)가 반역을 했다가 실패하고 죽었다. 그러던 559년(양원왕 15) 3월에 왕이 죽었다.

제25대 평원왕

북제 침공에 성공한 북주

고구려 제25대 왕인 평원왕(平原王 또는 평강상호왕平崗上好
王)의 이름은 양성(『수서隋書』와 『당서唐書』에는 탕湯이라고 함)이
고 양원왕의 맏아들이다. 담력이 있고 말 타기와 활쏘기를
잘했다. 557년(양원왕 13)에 태자로 책봉되었고, 양원왕이 죽
자 즉위했다.

평원왕 때는 중원의 변화가 심했던 시기다. 534년, 고환에
의해 옹립된 효무제(孝武帝)가 그의 횡포를 피해 관중(關中)
일대에서 세력을 키운 우문태(宇文泰)에게로 도망쳤다. 이후

북위는 고환의 동위와 우문태의 서위(西魏)로 갈라졌다.

고환이 허울뿐인 북위 황실을 앞세워 동위의 실권을 장악했듯이, 서위에서도 우문태가 실권을 장악했다. 결국 서위에서도 우문태가 죽자 실권을 장악한 조카 우문호(宇文護)는, 557년 1월 우문태의 셋째 아들 우문각(宇文覺)을 내세워 이름뿐인 서위의 황제 공제(恭帝) 원곽(元廓)으로부터 선양을 받아냈다. 이때 옹립된 우문각이 북주(北周)의 초대 황제 효민제(孝閔帝)다. 세력을 키워가던 북주는, 577년 내분에 시달리던 북제를 침공해 멸망시켰다.

북제가 멸망하기 전인 560년(평원왕 2) 2월, 북제에서는 평원왕을 '사지절 영동이교위 요동군공 고구려왕'으로 책봉했다. 『삼국사기』에서는 이를 "북제의 폐제(廢帝: 폐위된 황제)가 책봉한 것"이라고 기록해놓았다.

그런데 여기서 조금 혼선이 빚어진다. 평원왕이 책봉을 받던 560년, 북제의 황제는 무성제(武成帝) 고담(高湛)이었다. 그런데 북제는 실질적으로 고담의 아들인 고위(高緯)가 북주의 침공에 사로잡히면서 멸망했다. 그럼에도 고위가 577년 태자 고항(高恒)에게 선위했기 때문에, 형식적으로는 고항을 마지막 황제로 여길 수 있다.

평원왕은 관례대로 졸본으로 행차해 시조묘에 제사 지냈다. 3월에 졸본으로부터 돌아오면서, 지나는 주·군의 죄수

중에서 두 가지 사형죄[二死]를 제외하고는 모두 풀어주었다. 561년(평원왕 3) 4월에는 이상한 새들이 궁정 뜰에 모여들었고, 6월에는 홍수가 났다.

같은 해 11월, 사신을 (남조의) 진(陳)나라에 보내 조공했다. 그러자 다음 해인 562년(평원왕 4) 2월에 진나라 문제(文帝)가 평원왕을 영동장군으로 책봉해주었다. 이 또한 중원의 정국 변화와 관계가 있다.

중국 남조의 양이 북제의 압력과 그로 인한 내분을 겪다가 미천한 출신인 진패선(陳覇先)에게 찬탈을 당하는 사건이 있었다. 이렇게 해서 557년 양의 마지막 황제 경제(敬帝)로부터 선양을 받아 세운 나라가 '진'이고, 진패선이 진의 무제(武帝)다. 진패선이 죽고 난 다음에는 그의 형 진도담(陳道談)의 아들인 진천(陳蒨)이 뒤를 이었다. 바로 이 진천이 진의 문제였고, 평원왕은 그에게 책봉을 받은 것이다.

일본에 귀화한 고구려인들

『일본서기』에는 562년(평원왕 4) 5월에 고구려인 두무리야폐(頭霧唎耶陛) 등이 쓰쿠시(筑紫)에 귀화해 왔다는 기록이 나온다. 그래서 야마시로쿠니(山背國)에 살게 해주었는데, 이 사람이 우네하라(畝原)·나라(奈羅)·야마무라(山村)의 고구려인 선조라고 했다. 그러나 어디까지가 역사적인 사실인지 확실하지 않다.

평원왕은 중원의 변화에 동요하지 않고 북조와 남조 양쪽 모두와 우호적으로 지냈다. 563년(평원왕 5) 여름에 크게 가물자 평상시의 반찬을 줄이고 산천에 기도드렸고, 565년(평원왕 7) 정월에 왕자 원(元)을 태자로 삼았던 일을 제외하면, 한동안 북제와 진 양쪽에 조공 사절을 보낸 기록이 이어진다. 564년(평원왕 6)과 565년(평원왕 7), 그리고 573년(평원왕 15)에는 북제에, 566년(평원왕 8) 12월과 570년(평원왕 12) 11월·571년(평원왕 13) 2월·574년(평원왕 16) 정월에는 진나라에 조공 사절을 파견한 것이다.

그 사이인 570년(평원왕 12), 『일본서기』에는 천황이 표류해온 고구려 사신을 구조해 후하게 대접해주었다는 기록이 나온다. 물론 『일본서기』의 기록을 그대로 믿기는 어렵다. 그리고 571년(평원왕 13) 7월에 왕이 패하(浿河) 벌판으로 사냥 나갔다가 50일 만에 돌아왔던 일과, 8월에 궁실을 보수하다가 병충해와 가뭄으로 재해가 생기사 공사를 그만두는 사건이 있었다.

572년(평원왕 14) 5월, 『일본서기』에는 왜에 파견되었다는 고구려 사신에 관한 일화가 소개되어 있다. 같은 해에 즉위했던 비다쓰(敏達) 천황이 부친인 선대 천황에게 사신들에 대해 보고했지만, 이들을 보지 못하고 죽은 데 대해 탄식했다는 것이다. 고구려 사신들이 바친 조(調)는 조사해 수도로 보내고, 고구려에서 보낸 표(表)를 대신들에게 주어 풀이하게 했다고 한다.

그런데 표를 해석할 수 있는 사람이 없어 백제 출신인 왕진이(王辰爾: 일명 왕지인수王智仁首)가 나선 다음에야 해석할 수 있었다. 비다쓰 천황은 왕진이를 칭찬하며 다른 대신들의 노력 부족을 꾸짖었다고 되어 있다. 왕진이는 까마귀 날개에 검은 글자로 씌어 있어 읽을 수 없던 고구려의 표에 밥에서 나오는 김을 쐬어 비단에 그 글자를 찍어내는 재주도 보여 주었다 한다. 왜 조정에서는 이를 보고 매우 기이하게 여겼다는 내용도 추가되어 있다.

다음 달인 6월의 기록에는 왜에 왔던 고구려 사신들 사이의 갈등이 살인 사건으로 번지는 설화가 나온다. 고구려 대사(大使)가, 부사(副使) 등 아래 사람들이 자기 나라에서 가져온 물건을 천한 사람에게 나누어 주자 이를 꾸짖고 책임을 추궁했다. 그러자 이들은 처벌이 두려워 대사를 죽이기로 했다. 이 모의가 대사에게 알려졌지만, 그는 묵고 있던 곳의 뜰에서 혼자 어쩔 줄 몰라하다 자객들에게 맞아 죽었다고 한다.

이런 일을 저지른 고구려 사신들은, 왜 측에 "대사가 천황이 내려준 부인을 받지 않는 무례를 저질러, 천황을 위해 죽였다"고 알렸다고 기록해놓았다. 그런데도 왜 측에서는 담당관리가 예(禮)를 다해 장사(葬事)를 지내주었다고 한다. 고구려 사신들은 이 사건을 일으킨 다음 달인 7월에 돌아갔다고 되어 있다.

다음 해인 573년(평원왕 15) 5월, 왜에 와서 정박했던 고구려 사신들의 배가 부서져 많은 사람이 물에 빠져 죽은 사태가 있었다고 한다. 그랬음에도 왜 조정에서는 고구려 사신들이 자주 길을 잃는 상황에 의심을 품고 향응을 베풀지 않고 되돌려 보냈다고 했다.

그랬으면서도 7월, 기비노아마노아타이나니하(吉備海部直難波, きびのあまのあたいなにわ)에게 고구려의 사신을 전송하도록 했다고 되어 있다. 이때 송사(送使)인 나니하(難波)는 고구려 사신들과 의논해 서로 배를 바꾸어 타기로 했다. 나니와의 배에 타고 있던 오호시마노오비토이하히(大嶋首磐日)와 사오카노오비토마세(狹丘首間狹, さをかのおびとませ)를 고구려 사신의 배에 오르게 하고, 고구려의 두 사람은 나니하의 배에 타게 한 것이다. 서로 감시하도록 하자는 의도였다. 그만큼 고구려와 왜는 기본적인 신뢰조차 없는 관계였다는 메시지를 주는 셈이다.

그런데 배가 출발하고 얼마 가지도 않았는데 나니하는 파

도에 겁을 먹고 고구려인 두 사람을 바다에 던져버렸다고
한다. 그래놓고 다음 달인 8월, 왜 조정에 "큰 고래가 배를
가로막아 바다에 들어갈 수 없었다"고 보고했다. 천황은 이
말에 속지 않고, 사역을 시키며 고향으로 돌려보내지 않았다
고 한다.

그런데 다음 해인 574년(평원왕 16) 5월, 지난번 갔던 고구
려 사신들이 다시 와서 "우리가 먼저 돌아와 왜 사신을 대접
한 다음에도 같이 떠난 우리 사신들이 돌아오지 않아 그 까
닭을 듣고자 한다"는 뜻을 전해왔다. 천황은 그 말을 듣고
"조정을 속이고, 이웃나라의 사신을 물에 빠뜨려 죽인 죄는
용서할 수 없다"고 나니하를 처단했다고 한다.

이와 같이 기록되어 있지만, 이 사건과 관련된 역사적인
실체를 확인하기는 매우 어렵다. 『일본서기』의 내용은 역사
서의 기록이라고 하기에는 유치할 만큼 두서없고 비약이 많
기 때문이다.

중원의 변화, 수나라 건국

중원에서 북제가 북주에게 멸망당하는 변화가 생긴 시기
인 577년(평원왕 19), 평원왕은 북주에 조공 사절을 파견하기

시작했다. 이에 화답해 북주의 고조(高祖)는 평원왕을 '개부의동삼사 대장군 요동군개국공 고구려왕'으로 책봉해주었다.

581년(평원왕 23) 2월 그믐에 별이 비 오듯 떨어졌고, 7월에는 서리와 우박이 내려 곡식을 해쳤다. 그 여파로 10월에 백성이 굶주리자, 평원왕은 나라 안을 두루 돌며 위문했다.

그런데 이 시기 중원에서 또 다른 격변이 있었다. 중원 북방을 장악했던 북주에서 외척인 양견(楊堅)이 부각된 것이다. 무능한 북주의 선제(宣帝)가 문제를 일으키다 죽자, 선제의 장인이었던 양견은 섭정을 한다는 명분을 내세워 전권을 장악했다. 그리고 다음 해인 581년, 양견은 선제의 뒤를 이은 정제(靜帝)를 압박해 선양을 받아 수(隋)를 세우니 그가 수나라 문제(文帝)다.

그러자 평원왕은 같은 해 12월에 수나라에 조공 사절을 파견했고, 이에 화답해 수나라 고조(高祖) 문제는 평원왕을 '대장군 요동군공'으로 책봉해주었다. 다음 해인 582년(평원왕 24) 정월과 11월, 그리고 583년(평원왕 25) 정월과 4월·겨울, 584년(평원왕 26) 봄과 4월에도 계속해서 수에 조공 사절을 보냈다. 그러자 584년(평원왕 26) 4월에는 수나라 문제가 대흥전(大興殿)에서 파견된 고구려 사신에게 잔치를 베풀었다.

583년 2월에는 급하지 않은 일을 줄이라는 명령을 내리고, 군(郡)·읍(邑)으로 사신을 보내 농사와 누에치기를 권장하며 국내를 정비했다. 그리고 585년(평원왕 27) 12월에는 진나라에 조공 사절을 보내며 중원 제국들 사이의 외교에서 균형 잡기를 잊지 않았다. 그리고 586년(평원왕 28)에는 도읍을 장안성으로 옮겼다.

나름대로의 노력에도 불구하고, 590년(평원왕 32)에 진나라가 망했다. 그 소식을 들은 평원왕은 군사를 훈련시키고 군량을 비축하며 수나라와의 충돌에 대비한 대책을 세웠다.

그러자 수 문제는 평원왕에게 다음과 같은 「조서」를 보내왔다. "번국이라고 칭하면서도 예절에 정성을 다하지 않는다." 여기에 "그곳의 땅이 좁고 사람이 적다 해도, 지금 왕을 쫓아낸다면 다시 관리를 뽑아 그곳을 안무시키기 위한 수고를 해야 할 것이다. 그러니 왕이 마음을 닦고 행실을 고쳐 법을 따른다면 짐의 어진 신하가 되는 것이니, 굳이 수고를 할 필요가 없다. 고구려가 진나라와 비교가 되는가? 짐이 고구려를 치려 한다면 큰 힘도 필요 없겠지만, 타일러서 해결하려고 할 뿐이다"라고 했다.

이 「조서」를 받은 평원왕은 외교적으로 갈등을 해결하려 했으나, 같은 해 10월에 죽는 바람에 이루지 못했다. 이런 일이 있었던 시기도 중국 측 역사서인 『수서』와 『자치통감』에는 잘못 적혀 있다.

제26대, 영양왕

수나라의 중원 통일과 고구려에 대한 위협

고구려 제26대 왕인 영양왕(嬰陽王: 또는 평양平陽)의 이름
은 원(또는 대원大元)이고, 평원왕의 맏아들이다. 풍채가 뛰어
났으며, 세상을 잘 다스려 백성을 편안하게 하는 것을 자신의
일로 여겼다고 한다. 565년(평원왕 7)에 태자로 책봉된 뒤, 왕
이 죽자 즉위했다. 수나라 문제가 영양왕에게 사신을 보내 상
개부의동삼사(上開府儀同三司)로 삼고 평원왕이 받았던 요동
군공의 작위를 이어받게 했으며, 의복 한 벌도 보내주었다.

591년(영양왕 2) 정월에 사신을 수나라에 보내 「표」를 올리

고 왕으로 봉해주기를 청했다. 즉위한 뒤 바로 받았던 책봉에서는 고구려왕으로의 책봉이 빠져 있었다는 뜻이다. 수 문제는 이를 허락하고, 3월에 고구려왕으로 책봉함과 동시에 수레와 의복도 보내주었다. 영양왕은 그 보답으로 5월에 사신을 수나라에 보냈다. 이 기조는 한동안 이어져 592년(영양왕 3) 정월과 597년(영양왕 8) 5월에도 수나라에 조공 사절을 파견했다.

그렇지만 이러한 기조가 오래가지는 않았다. 중원에서 수가 진을 멸망시키자, 다음 압력이 돌궐과 고구려에 가해졌다. 수와 고구려는 한동안 조공-책봉 관계를 유지하며 서로 탐색하는 데 그쳤으나, 수의 움직임에 불안을 느낀 고구려는 598년(영양왕 9) 2월에 말갈병 1만 명을 동원해 요서 지역의 임유관(臨瑜觀)을 선제공격했다. 이 공격은 영주(營州) 총관(摠管) 위충(韋冲)이 격퇴하면서 끝났다.

그러나 수 문제는 이 소식에 분개했다. 수 문제는 그해 6월에 「조서」를 내려 영양왕의 관작을 빼앗은 다음, 양양(楊諒)과 왕세적(王世績)을 대원수로 임명하고, 수군과 육군 30만 명을 동원해 고구려 침공에 나섰다. 이른바 '제1차 고구려·수 전쟁'은 이렇게 일어났다.

하지만 수군을 이끌고 동래(東萊) 방면에서 출발했던 주라후(周羅睺)가 도중에 폭풍을 만나 많은 병력을 잃고 철수했다. 임유관(臨渝關)을 통해 나와서 요서 방면으로 진격하던 육군도 홍수로 인해 제대로 보급을 받지 못했다. 여기에 전염병까지 돌자 수나라군은 상당한 희생을 치르고 9월에 퇴각할 수밖에 없었다.

영양왕은 분쟁이 확산되는 것을 막기 위해, 사신에게 '요동 더러운 땅의 신하 모(某)'라는 말이 들어간 「표」를 전하도록 했다. 이렇게 수나라의 체면을 세워주자, 수 문제는 고구려에 대한 군사적 응징을 중지하고 관계를 회복시켰다.

그런데 이때 백제의 위덕왕도 표를 보내, 수가 고구려를 침공하면 수나라군의 길잡이가 되겠다는 뜻을 밝혔다. 고구려와 분쟁이 확대되는 것을 원하지 않던 수 문제는 백제 사신을 후하게 대접하기는 했으나, 백제에 "고구려가 죄를 자복해 짐이 이미 용서했으므로 벌할 수 없다"는 「조서」를 전했다. 이렇게 백제에 대한 처우나 「조서」의 내용은 점잖았지만, 결국 완곡하게 백제의 제의를 거절한 셈이다.

그런데 이 사실이 고구려에 알려져, 영양왕은 이에 대한 보복으로 백제의 변경을 침략했다. 어쨌든 고구려와 수의 관계는 개선되어 600년(영양왕 11) 정월 고구려는 다시 수에 조공 사절을 파견했다.

수와 관계가 개선되면서, 영양왕은 역사 편찬에 눈을 돌렸다. 대학박사(大學博士) 이문진(李文眞)에게 옛 역사책을 요

51

약해『신집(新集)』5권을 만들도록 명을 내렸던 것이다. 고구려 초기에『유기(留記)』라는 100권짜리 역사가 편찬되어 남았던 것이, 이때 5권으로 요약해 편찬되었다.『일본서기』에는 602년(영양왕 13) 10월, 고구려의 승려 승륭(僧隆)과 운총(雲聰)이 귀화해 왔다고 한다.

영양왕은 수나라와 관계가 개선되며 북방이 안정된 틈을 이용해 신라에 대한 공세를 취했다. 603년(영양왕 14) 8월, 장군 고승(高勝)을 보내 신라의 북한산성(北漢山城)을 공략했다. 그러자 신라에서는 왕이 군사를 거느리고 한수(漢水)를 건너왔다. 북한산성 안에서도 북을 치고 소리를 지르며 서로 호응하자, 고승은 상황이 불리하다고 여기고 물러났다.

605년(영양왕 16),『일본서기』에는 왜에서 천황이 불상을 만든다는 말을 듣고 고구려왕이 황금 300냥을 보냈다고 한다. 물론 신뢰할 수 있는지에 대해서는 의심스럽다.

607년(영양왕 18),『삼국사기』에는 돌궐 계민가한(啓民可汗)의 처소에 고구려 사신이 가 있었던 시점에 수 양제(煬帝)가 갑자기 방문해 벌어졌던 해프닝이 기록되어 있다. 수 양제의 갑작스러운 방문으로 고구려 사신과 수 양제가 맞닥뜨리는 사태를 막지 못한 계민가한은, 입장이 곤란해지자 고구려 사신과 함께 수 양제를 만나는 방법을 택한 것이다. 이때 양제의 측근 황문시랑(黃門侍郎) 배구(裵矩)가 양제에게 다음과 같이 말했다.

"고구려는 본래 기자(箕子)에게 봉해진 땅으로, 한나라와 진나라의 군현이었다. 그런데 지금 신하 노릇을 하지 않는 지역이 되어, 선제(先帝)께서 정벌하려고 했지만 지휘관이었던 양양이 무능해 성공하지 못했다. 지금 취하지 않아서 우리가 통제할 수 있는 지역을 오랑캐의 땅으로 만들겠는가. 지금 그 사신은 계민(계민가한)이 나라를 바치며 복종하는 것을 직접 보았으니, 이를 이용해서 입조하도록 위협하시라."

양제는 그 말에 따라 신하 우홍(牛弘)을 통해 고구려에 칙명을 전했다.

"계민이 성심껏 나라를 받들기 때문에 짐은 친히 그 장막을 방문했다. 내년에는 탁군(涿郡: 지금의 하북성 탁주시)으로 갈 것이다. 돌아가는 날, 너의 왕에게 의혹이나 두려움을 갖지 말고 빨리 와서 조회하라고 아뢰어라. 계민과 같은 대우를 해줄 것이다. 만약 조회를 오지 않으면, 계민을 거느리고 너희 땅을 침공할 것이다."

영양왕은 양제의 비위를 거슬렀다는 점을 깨닫고 침공해 올 것을 우려했다.

그렇지만 같은 해 5월, 영양왕은 북방의 불안한 정세를 접

어두고 남방으로 눈길을 돌렸다. 백제의 송산성(松山城)을 공략했고, 함락시키지 못하자 석두성(石頭城)으로 방향을 돌려 남녀 3,000명을 사로잡아 돌아오는 전과를 올렸던 것이다. 다음 해인 608년(영양왕 19) 2월에는 장수에게 명해 신라의 북쪽 변경을 습격, 8,000명을 사로잡았다. 또 4월에는 신라의 우명산성(牛鳴山城)을 함락시켰다.

610년(영양왕 21), 『일본서기』에는 "고구려왕이 승려 담징(曇徵)과 법정(法定)을 바쳤다"는 기록이 나온다. 담징은 오경(五經: 『시경詩經』·『서경書經』·『주역周易』·『예기禮記』·『춘추春秋』)을 잘 알고, 또 채색과 종이·묵을 잘 만들었다고 한다. 그리고 "일본에서 처음으로 맷돌(碾磑)을 만들었다"는 내용도 나온다.

수 양제의 제1차 고구려 침공

이후 3년가량 별다른 기록이 나타나지 않았다 하지만 611년(영양왕 22) 2월, 수 양제는 드디어 고구려 정벌의 뜻을 밝히는 「조서」를 발표했다. 그리고 4월에는 탁군의 임삭궁(臨朔宮)으로 가서 군사들을 집결시켰다.

612년(영양왕 23) 정월 임오(壬午)일에 또다시 「조서」를 발표했다. "미욱스럽고 공손하지 못한 고구려의 보잘것없는 무리가 중원의 땅을 잠식하며 번성해서 오랑캐의 땅으로 만들었다. 위기를 맞이해서 천자의 은혜를 입어 살아남았으면서도 세상을 어지럽히고 백성을 괴롭히고 있어, 이번에 정벌해 천하를 구제하고자 하니 병사들은 분발하라"는 내용이었다.

이때 백제와 신라는 수나라의 고구려 침공을 돕겠다고 했다. 그러나 백제는 수나라에 고구려에 대한 정보를 주는 척하면서 고구려와도 내통하며 실질적으로는 협력하지 않았다. 백제 무왕(武王)은 신하 국지모(國智牟)를 수나라에 보내 군대의 출병 날짜를 알려달라고 했다. 이에 양제는 크게 기뻐하며 후하게 상을 주고, 상서기부랑(尚書起部郎) 석률(席律)을 백제에 보내 군대의 집결 시기를 알려주었다.

백제 무왕은 이러한 조치를 취해놓고 실질적으로는 움직이지 않았다. 수나라 군대가 요하를 건너자 백제도 국경에 군사를 배치했지만, 수나라를 돕는 척하면서도 실제로는 군대를 움직여 고구려를 공격하지는 않았던 것이다. 신라 또한 백제처럼 수나라에 실질적인 도움을 준 기록은 나타나지 않는다.

「조서」를 내리고 난 다음, 상당한 무리를 감수하고 동원한 113만 3,800명의 대군이 출발했다. 출발에만 40일이 걸렸다고 할 정도로 역사상 보기 드문 대규모 군대의 출전이었다.

2월, 양제가 이끄는 군대는 요수(遼水)에 이르러 진을 치고 고구려군과 대치했다. 요수를 돌파하기 위해 양제는 공부상서(工部尚書) 우문개(宇文愷)에게 명해 요수 서쪽 언덕에서 세 개의 부교(浮橋: 배나 뗏목을 잇고 그 위에 널빤지를 깔아서 만든 다리)를 만들게 했다. 부교가 완성되자 이를 끌어다 동쪽 언덕으로 옮겼는데, 한 길 남짓하게 짧아서 건어야 할 언덕에 미치지 못했다.

고구려군은 이 틈을 노려 수나라군을 공격했다. 수나라군도 반격했으나, 고구려군이 높은 곳을 차지하고 공격하는 바람에 언덕에 올라보지도 못하고 죽은 자가 많았다. 이때 맥철장(麥鐵杖)·전사웅(錢士雄)·맹차(孟叉) 등이 언덕으로 오르려다 전사한 수나라 장수들이다. 희생이 늘어나자 수나라는 강 건너기를 포기하고 군사를 철수시키며 다리를 끌고 서쪽 언덕으로 돌아갔다.

그렇지만 양제는 포기하지 않고 다시 소부감(少府監) 하조(何稠)에게 명해 다리의 부족했던 부분을 잇게 해 이틀 만에 완성했다. 이를 이용해서 수나라는 여러 부대를 차례로 투입할 수 있었다. 동쪽 언덕에서 또다시 벌어진 전투에서, 고구려 측이 크게 패해 죽은 자가 1만 명을 헤아렸다고 한다.

기세를 탄 수나라군은 진격을 해서 요동성을 포위했다. 『삼국사기』에는 이때 포위된 요동성이 한나라의 양평성(襄平

城)이었다고 되어 있다. 양제는 요하에 이르자 「조서」를 내려 사면령을 내렸다. 후속 조치로 형부상서(刑部尚書) 위문승(衛文昇) 등에게 명해 요하 동쪽의 백성을 위무하고, 10년 동안 조세를 면제해주고 군현을 두도록 했다.

5월, 요동성 공략이 개시되었다. 그런데 『삼국사기』에는 요동성 공략이 시작되기 이전, 양제가 휘하 장수들에게 내렸다는 명령이 기록되어 있다. 양제는 "진격과 퇴각 같은 모든 군사 문제는 반드시 나에게 보고하고 회답을 받아 시행하도록 해야지, 제멋대로 해서는 안 된다"는 취지였다.

이 명령은 요동성 공략에 악영향을 주었다. 요동 지역 전투에서 고구려는 수나라를 맞아 싸우다가 불리하면 성문을 닫고 농성하는 수법을 즐겨 썼다. 그런데 양제는 휘하 장수에게 "고구려가 항복해오면 받아들이고 군사를 풀지 말라"는 명령을 내려놓았다. 고구려에서는 이 명령을 역이용해서 성이 함락될 위기에 처하면 항복을 요청해버렸다. 양제의 명령을 받았던 수나라 지휘관들은 자신들이 결정하지 못하고 양제에게 보고부터 해야 했다.

문제는 통신 수단도 변변치 않았던 당시 상황에서 양제의 결정이 도착하는 데 상당한 시간이 걸렸다는 점이다. 결국 양제의 회답이 돌아올 즈음에는 고구려가 재정비할 시간을 얻은 다음이고, 이에 따라 성안의 방어 태세도 갖추어지게 되었다. 이를 바탕으로 저항을 재개하니 타이밍을 놓친 수나라는 공략이 더욱 어려워졌다. 이런 일이 두세 번 거듭되었는데도 양제는 끝내 자신의 명령을 고집하고 지휘관들에게 재량권을 주지 않았다. 이 덕분에 성은 오랫동안 함락되지 않았다.

그럼에도 양제는 요동성 공략이 지지부진하자, 6월 11(기미己未)일에 요동성 남쪽으로 행차해 형세를 살펴보고 여러 장수에게 책임을 추궁했다.

"그대들은 관직이 높고 가문이 좋으니 내가 우습게 보이는가? 수도에 있을 때부터 그대들 모두 내가 오는 것을 원치 않은 이유가 낭패를 볼까 두려워했기 때문이다. 내가 지금 이곳에 온 이유가 바로 그대들의 소행을 보고 목을 베려는 것이다. 지금 내가 그대들을 죽이지 못할 것 같아 최선을 다하지 않는 것인가?"

이 말에 여러 장수가 두려워 얼굴빛이 달라졌다고 한다. 양제가 요동성 서쪽에서 몇 리 떨어진 육합성(六合城)에 머물러 계속 독려했지만, 고구려의 여러 성은 강력하게 저항하며 항복하지 않았다.

수나라 육군이 고전을 거듭하기 전부터, 수군도 고전하고 있었다. 수나라의 좌익위대장군(左翊衛大將軍) 내호아(來護兒)는 강회(江淮)의 수군을 거느리고 바다를 건너 먼저 패수(浿

水)로 들어왔다. 평양에서 60리 떨어진 곳까지 진군한 내호
아는 여기서 고구려군과 맞닥뜨려 큰 승리를 거두었다.

내호아가 이 승세를 타고 성으로 진격하고자 했으나, 부
총관(副摠管) 주법상(周法尙)이 말렸다. 후속 부대가 오기를
기다려 함께 나아가자는 것이었다. 그러나 내호아는 듣지 않
았다. 그는 정예 병력 수만 명을 뽑아 곧바로 평양성 아래까
지 이르렀다.

고구려에서는 이것을 노리고 있었다. 고구려군은 일부 부
대를 나성(羅城) 안의 빈 절 속에 군사를 숨겨두었다. 그리고
일부 부대가 일부러 패하면서 내호아의 군대를 성안으로 끌
어들였다. 이 작전을 눈치 채지 못한 내호아는 유인하는 고
구려군을 쫓아 성안으로 들어왔다. 성안으로 진입한 수나라
군은 노략질에 몰두하느라고 전열이 흐트러졌고, 고구려는
이 틈을 타 매복시켜놓은 부대를 투입했다.

기습을 당한 내호아의 군대는 크게 패했고, 내호아 자신
도 간신히 목숨을 건져 도망쳤다. 내호아의 군사 중 살아 돌
아간 자는 수천 명에 불과했다고 한다. 고구려군은 수나라
함대가 정박한 곳까지 추격했으나, 섣부른 진격을 자제하자
고 주장했던 주법상이 나머지 부대로 진영을 정비하고 대기
하고 있었다. 고구려군은 진영이 정비된 주법상의 부대와 싸
우는 부담을 피해 후퇴했다. 위기를 넘긴 내호아는 남은 군

사를 이끌고 포구에 진을 치고 버티기는 했으나, 이후로는 포구를 벗어나 다른 부대를 지원할 수 없었다.

오랫동안 요동성을 비롯한 고구려 성 공략에서 별다른 성과를 거두지 못하자, 결국 수 양제는 별동대를 편성해 평양성을 곧장 공격할 계획을 세웠다. 9군을 선발, 우중문(于仲文)과 우문술(宇文述) 등에게 30만 대군을 이끌고 평양을 직접 공격하게 한 것이다.

그러나 수나라는 이 작전을 수행하면서 무리한 조치를 취했다. 병사들에게 100일치의 양식을 주고 행군시킨 것이다. "군량을 버리는 자는 목을 베겠다"는 위협에도 불구하고 수송하기에 너무 무거운 군량을 받은 군사들이 이를 버리는 일이 잦았다. 나중에는 식량이 부족해 평양에 닿기도 전에 굶주림에 허덕이게 되었다.

고구려의 을지문덕(乙支文德)은 항복하는 척하며 수 진영의 허실을 염탐했다. 이때 수나라 지휘관 우중문은 미리 받아놓았던 양제의 밀명에 따라 을지문덕을 사로잡으려 했으나, 상서우승(尙書右丞) 유사룡(劉士龍)의 만류 때문에 돌려보냈다. 그 직후 이를 후회한 우중문이 돌아가는 을지문덕을 다시 불렀으나, 을지문덕은 돌아보지도 않고 압록수를 건너 귀환해버렸다고 한다.

이 때문에 우중문은 황제의 명령을 어겨가며 을지문덕을

놓쳐버린 데 대한 불안을 느꼈다. 여기서 수나라 지휘부의 의견이 갈렸다. 우문술은 바닥 난 군량 사정을 고려해 돌아가자는 입장이었으나, 우중문은 계속 진격을 주장했다.

우문술의 반대에 대해 우중문은 "성과 없이 돌아가면 어떻게 황제를 뵐 것인가? 원래 군대 지휘권은 한 사람이 일사불란하게 결정해야 하는데, 이렇게 사람마다 고집을 부리니 진작부터 전과를 올리지 못할 줄 알았다"며 화를 냈다. 양제가 우중문이 특별한 전략을 가지고 있을 것으로 여겨 그에게 지휘를 받으라는 조치를 취해놓은 점을 의식한 것이었다. 이 때문에 우문술 등 퇴각을 주장하던 장수들도 어쩔 수 없이 압록수를 넘는 진격에 참여할 수밖에 없었다.

수나라군을 염탐한 을지문덕은 그들의 약점을 이용해 일부러 전투에 패하면서 깊숙이 끌어들였다. 하루에 일곱 번 전투를 벌여 수나라가 모두 이기게 해주기까지 했다고 한다. 결국 우중문은 평양성 30리 밖까지 진격해와 산에 의지해서 진을 쳤다.

그러나 군량이 떨어진데다가 평양성의 방어 태세가 엄중한 것을 보고 우문술의 설득에 따라 퇴각을 결정했다. 여기에는 고구려에서 "만약 군대를 돌리면 왕을 모시고 양제가 있는 곳으로 찾아가 알현하겠다"는 명분을 준 것도 한몫했다. 물론 이는 속임수였다.

수의 군대가 퇴각하자 고구려는 그들에 대한 공격을 개시했다. 철수하던 수나라군은 7월, 살수에 이르렀다. 부대의 반쯤이 건넜을 때 고구려군은 뒤에 처진 부대를 공격해 타격을 주었다. 이때 수나라의 장수 신세웅(辛世雄)이 전사했다. 이 전투를 살수 대첩이라 부른다.

이를 계기로 수나라의 여러 부대가 무너지기 시작했다. 철수가 급해진 수나라군은 하루 사이에 압록수까지 450리를 행군했다고 한다. 이때 수나라 장군인 왕인공(王仁恭)이 후군(後軍)으로 나서 고구려군을 견제해주었다. 초기 패전으로 위축된 내호아도 별동대의 패전 소식을 듣고 철수해버렸다. 위문승이 이끄는 1군만이 온전했다고 한다.

총제적인 붕괴로 인해, 처음 9군이 요하를 건넜을 때는 30만 5,000명의 병력을 보유하고 있었는데 요동성으로 돌아갔을 때는 2,700명만이 남았다. 이에 더해 각종 장비를 잃어버리는 피해를 입었다. 양제는 크게 노해 우문술 등을 쇠사슬로 묶어 굴욕을 주며 철수했다. 이 전쟁에서 수나라가 얻은 전과는 요수 서쪽의 무려라(武厲邏)를 함락시키고, 요동군과 통정진(通定鎭)을 설치한 것뿐이다.

수양제의 제2·3차 고구려 침공

수양제가 감행한 제1차 고구려 정벌은 실패로 돌아갔다. 그렇지만 불과 몇 개월 후인 613년(영양왕 24) 정월, 수 양제는 또다시 고구려 정벌을 준비했다. 「조서」를 반포해 징발한 군사를 지난 원정 때 발진기지 역할을 했던 탁군에 집결시키라는 명을 내린 것이다. 이와 함께 백성에게 효과(驍果: 죽기를 각오하고 용감하게 싸우는 군사)가 되라며 모집하고, 요동 옛 성을 수리해 군량을 저장했다.

양제는 다음 달인 2월, 측근에게 "고구려같이 보잘것없는 오랑캐가 상국을 업신여긴다. 지금 바다를 뽑고 산을 옮길 일이라도 시킬 판인데 하물며 이 오랑캐쯤이야"라며 다시 고구려 정벌을 논의했다.

이때 좌광록대부(左光祿大夫)로 있던 곽영(郭榮)이 "오랑캐가 무례하게 구는 데 대한 응징은 신하가 알아서 할 일이다. 천균(千鈞)의 쇠뇌는 생쥐를 잡기 위해서 쏘지 않는 법인데, 어찌 천자의 지위를 욕되게 하면서까지 몸소 작은 도적을 상대하려 하시느냐?"고 간언을 올렸다.

그렇지만 양제는 듣지 않고 고구려 정벌 계획을 밀어붙였다. 같은 해 4월에 양제는 요하를 건넌 다음, 우문술과 양의신(楊義臣)으로 하여금 평양을 공략하게 했다.

부여 방면의 길로 진격한 왕인공이 신성에 이르자, 고구려군 수만 명이 맞아 싸웠다. 이 전투에서는 왕인공의 정예 기병 1,000명의 활약으로 고구려군이 패배했고, 고구려군은 성으로 후퇴해 농성에 들어갔다.

이와는 별개로 요동성 공략에 대한 기록도 남아 있다. 이번에는 양제가 지난 번 정벌의 문제점을 인식하고 요동성 공략에 장수들의 자율권을 보장해준 것 같다. 수나라군은 비루(飛樓: 임시로 높게 세운 누각. 위쪽은 소의 생가죽으로 덮고, 아래에는 긴 사다리를 붙여 위에 올라 성안을 내려다보며 공격하게 만든 공성 장비)·충차(橦車: 성의 문이나 성벽에 충격을 가해 파괴시키는 무기. 앞부분을 철로 씌운 충격용 나무를 수레에 달아 만든다)·운제(雲梯: 긴 사다리를 차에 탑재하여 공성전에서 성벽을 올라가거나 정찰할 때 사용한다)·지도(地道: 성을 무너뜨리기 위해 성벽 밑에 설치하는 도구. 성벽 밑에 굴을 판 후 직사각형의 버팀목인 지도를 넣고 불을 질러 성벽이 무너지게 한다) 같은 공성 무기들을 동원해 밤낮을 가리지 않고 공격해왔다.

고구려군이 상황에 따라 잘 대처해 20여 일 동안 버티자 양쪽의 사상자가 크게 늘어갔다. 이때 수나라에서 군사를 모집할 때 응했던 심광(沈光)이라는 인물의 활약상이 기록으로 남았다.

그는 원래 몸이 날래고 곡예를 잘해 육비선(肉飛仙)이라는 별명이 붙어 있었다. 그런 그가 장대의 길이가 15길이 되는 충제(衝梯: 운제와 비루) 꼭대기에 올라갔다. 그러고는 성을 내려다보면서 고구려군과 맞붙어 싸우며 칼로 십수 명을 죽였다. 그의 활약으로 희생이 늘어나자, 고구려군이 그에게 공격을 집중시켜 그를 충제에서 떨어뜨렸다. 그랬는데도 그는 마침 장대에 늘어진 줄에 매달려 다시 올라갔다. 양제는 용감하게 싸우는 그의 모습을 보고 장하게 여겨 그 자리에서 조산대부(朝散大夫)라는 벼슬을 내렸다.

이러한 활약에도 요동성이 오랫동안 함락되지 않자, 양제는 다른 방법을 모색했다. 베 주머니 100만 개에 흙을 가득 넣고 쌓아서 어량대도(魚梁大道)라는 인공 공격로를 만든 것이다. 이 공격로의 넓이는 30보였고, 높이는 성벽과 비슷해 수나라군이 올라가 공격할 수 있게 해주었다. 또 바퀴가 여덟 개 달린 누거(樓車)도 만들었다. 이 높이는 성벽보다 높았다. 이를 이용하면 어량대도를 끼고 성안을 내려다보며 활 등으로 공격할 수 있었다. 이러한 장비들이 동원되며 총공격 날짜가 정해져, (요동)성이 함락 위기에 몰렸다.

그런데 이때 고구려에 행운이 찾아왔다. 때마침 양현감(楊玄感)이 반란을 일으켰다는 보고가 양제에게 전달된 것이다. 양제는 크게 우려했다. 수나라 고관의 자식과 일가들이 양현감이 거처하는 곳에 있었기 때문에, 이들이 인질이 되면 영향력 있는 고관들이 동요할 가능성이 컸기 때문이다.

여기에 기름을 붓는 사건이 일어났다. 병부시랑(兵部侍郎) 곡사정(斛斯政)은 본래 양현감과 친분이 두터웠다. 그렇기 때문에 반란에 연루되어 처벌받을 가능성이 컸다. 이 불안감 때문에 곡사정은 전투 상황에도 불구하고 고구려 진영으로 도망해 망명해버렸다.

사태가 심상치 않음을 느낀 양제는 밤에 여러 장수를 몰래 불러 군사를 이끌고 돌아갔다. 갑작스럽게 철수하는 바람에 군수품과 각종 장비도 가져가지 못해 물건들이 산처럼 쌓인 상태였다. 보루와 장막을 걷을 새도 없을 정도로 급한 철군이었기 때문에, 수나라에서는 부서를 재편할 새도 없이 여러 길로 흩어졌다.

고구려는 수나라군의 철수를 즉시 파악했으나, 만약의 사태에 대비해 함부로 나가지 않고 성안에서 북을 치고 고함을 지르기만 했다. 다음 날 오시(午時)가 되어서야 성 밖으로 진출했으나, 혹시 있을지도 모르는 수나라의 계략을 의심하며 극도로 조심했다. 그래서 이틀이 지난 뒤에야 비로소 수천 명의 군사를 동원해 뒤를 밟아 쫓았다. 그러면서도 수적으로 우세한 수나라군을 함부로 압박하지 못하고 80~90리 거리를 두었다.

고구려군은 수나라군이 요수에 이르러 양제의 본대가 강

을 건넌 뒤에야 뒤처진 부대를 압박했다. 수나라군이 워낙 수적으로 우세했기 때문에 뒤에 처진 부대도 수만 명에 달했고, 이들은 고구려군의 습격에 수천 명의 희생자를 냈다.

고구려 원정에서 돌아온 양제는 양현감의 반란을 진압했다. 그러나 수나라 국내의 혼란이 심해지는 사태는 막지 못했다. 그럼에도 양제는 614년(영양왕 25) 2월, 또다시 고구려 정벌을 시도했다. 그러나 워낙 무리했던 터라 「조서」를 내려 의논하는 자리를 만들었음에도 여러 날 동안 감히 말하는 자가 없었다고 한다. 그런데도 양제는 군대 징발을 명하는 「조서」를 내리고 군대를 집결시켰다.

같은 해 7월, 양제는 집결지인 회원진(懷遠鎭)에 도착했다. 그렇지만 수나라 국내가 혼란스러워 징발된 군사 중 기일에 맞추어 오지 않는 자가 많았다. 이렇게 수나라 전력도 약해져 있었지만, 고구려도 지쳐 있었다.

이때의 정벌에서, 내호아가 이끄는 수군(水軍)은 비사성(卑沙城)에서 승리를 거두고 평양으로 진격하려 했다. 그러자 영양왕은 사신을 보내 항복을 청하고, 망명해 왔던 곡사정을 돌려보내는 조치를 취했다. 이에 양세는 기뻐하며 사신을 보내 내호아를 소환해 갔다. 그리고 다음 달인 8월, 군대를 철수시켰다.

그런 뒤인 10월, 양제는 서경(西京)으로 돌아가서 고구려 사신과 곡사정을 데리고 대묘(大廟)에 고하고, 영양왕에게 입조를 요구했다. 그런데 영양왕은 끝내 입조 요구를 따르지 않았다. 이에 분개한 양제는 다시 전쟁 준비에 들어갔으나, 수 왕조 자체가 위기에 몰리면서 더 이상 전쟁은 일어나지 않았다.

수와 갈등이 극에 달해 있던 중인 615년(영양왕 26), 『일본서기』에는 "고구려 승려 혜자가 본국으로 돌아갔다"는 기록이 나온다. 그리고 618년(영양왕 29) 8월에는 고구려가 사신을 파견하고 방물(方物: 특산품)을 바쳤다고 한다. 이와 함께 수나라 포로와 고취(鼓吹)·노(弩)·포석(抛石)같이 노획한 무기 등 열 종류와 낙타 한 마리를 보냈다. 그러면서 "수나라 양제가 30만에 달하는 무리를 일으켜 우리를 공격하다가 패했다"는 메시지도 같이 전했다.

이렇게 수나라와 갈등이 정리되어가던 9월, 왕이 죽었다.

제27대, 영류왕

고구려-당, 화해 분위기 이어가

영양왕의 뒤를 이은 고구려 제27대 영류왕(榮留王)의 이름
은 건무(建武 또는 성成)이며, 영양왕의 배다른 동생이다. 영류
왕이 즉위한 뒤 한동안은 큰 전쟁 없이 평온하게 지나갔다.

619년(영류왕 2) 2월에 당(唐)에 조공 사절을 보냈고, 4월에
는 관례대로 졸본에 행차해 시소묘에 제사지냈으며, 5월에
졸본으로부터 돌아왔다.

621년(영류왕 4) 2월, 왜에서 쇼토쿠(聖德) 태자가 죽었다.
그러자 왜에서 고구려로 귀국한 혜자가 매우 슬퍼하고, 승려

를 모아 쇼토쿠 태자를 위한 재회(齋會)를 열었다. 그 자리에서 혜자는 직접 불경을 읽으며, 쇼토쿠 태자를 칭송했다. 불교를 인정해 백성을 구제했던 쇼토쿠 태자가 성인[大聖]이라는 것이다. 혜자는 "지금 태자는 죽었지만, 혜자 자신은 비록 다른 나라에 있더라도 마음은 단단히 맺어져 있으니 내년 2월 5일에 반드시 죽어서 상궁 태자와 정토(淨土)에서 만나 함께 중생을 교화할 것"이라 말하고는, 그날에 맞추어 죽었다고 한다. 이를 전해들은 왜인들은 "쇼토쿠 태자뿐 아니라 혜자도 성인이다"라고 말했다.

같은 7월과 622년(영류왕 5)에도 고구려는 당에 조공 사절을 보냈다. 그런데 이때 당나라 고조(高祖)가 수나라 말에 많은 중원의 병사들이 고구려에서 포로로 잡힌 것을 유감으로 여겨 「조서」를 보내왔다. "서로 잘 지내기 위해 수나라와의 전쟁에서 잡힌 사람들을 돌려보내달라"는 내용이었다. 영류왕은 이에 화답해 1만여 명에 달하는 사람들을 모아서 돌려보냈고, 당 고조는 크게 기뻐했다. 그리고 다음 해인 623년(영류왕 6) 12월, 당나라에 조공 사절을 보냈다.

624년(영류왕 7) 2월, 왕은 당나라에 사신을 보내 책력을 반포해줄 것을 청했다. 당 고조는 형부상서 심숙안(沈叔安)을 보내 영류왕을 '상주국(上柱國) 요동군공 고구려국왕'으로 책봉해주었다.

이와 함께 도사(道士)를 파견해 천존상(天尊像)과 도법(道法)을 가지고 와서 『노자(老子)』를 강의했다. 영류왕은 사람들과 함께 그 강의를 들었다. 이해 12월에도 당나라에 조공 사절을 보냈다. 다음 해인 625년(영류왕 8)에도 고구려에서 당나라에 사신을 보내 불교와 도교의 교법을 배우겠다고 요청했고, 당 고조도 이를 허락했다.

수를 이어 중원을 장악한 당은 우선 피폐해진 국내를 안정시킬 필요가 있었다. 전쟁으로 많은 피해를 입은 고구려도 회복할 시간이 필요하기는 마찬가지였다. 당 고조와 영류왕이 취한 조치는 이러한 맥락에서 이해할 수 있다. 『일본서기』에는 같은 해 정월, 고구려에서 승려 혜관(惠灌)을 보냈고, "그를 승정(僧正)에 임명했다"고 되어 있다.

그런데 고구려를 위협의 대상으로 인식하던 신라와 백제는 이러한 기조가 탐탁지 않았다. 그래서 626년(영류왕 9)에 신라와 백제는 당나라에 사신을 보내 "고구려가 길을 막아 입조하지 못하게 하고 또 거듭 침략합니다"라는 뜻을 전했다. 이렇게 해서라도 고구려와 당의 사이를 갈라놓고 싶었겠지만, 당은 고구려와 무난한 해결을 원했다. 당에서는 주자사(朱子奢)를 보내 화친을 권하는 정도로 그쳤다. 영류왕도 「표」를 올려 사죄하고 두 나라와 화평할 것을 청하며 당의 체면을 살려주는 조치를 취했다.

고구려와 당의 화해 기조는 이어졌다. 628년(영류왕 11) 9월에는 당나라에 사신을 보냈다. 『삼국사기』에는 이때 새로 등극한 당 태종(太宗)이 돌궐의 힐리가한(頡利可汗)을 사로잡은 것을 축하하고, 봉역도(封域圖: 제후가 책봉받은 영토에 관한 지도)를 바쳤다고 되어 있다. 그런데 힐리가한이 당과 싸워 잡힌 시기는 이보다 2년 뒤이기 때문에 『삼국사기』의 기록이 잘못된 것으로 본다.

고구려와 당이 화친 기조를 이어가자, 신라는 독자적으로 고구려를 침공했다. 629년(영류왕 12) 가을 8월에 신라 장군 김유신(金庾信)이 동쪽 변경의 낭비성(娘臂城)을 공략·함락시킨 것이다. 고구려가 당장 여기에 반응했다는 기록은 나타나지 않는다. 같은 해 9월, 당나라에 조공 사절을 보냈을 뿐이다.

630년(영류왕 13), 『일본서기』에는 3월 1일에 고구려의 대사 연자발(宴子拔)과 소사(小使) 약덕(若德)이 백제의 대사 은솔(恩率) 소자(素子)와 소사 덕솔(德率) 무덕(武德) 등과 함께 조공을 바치러 왔다고 되어 있다. 왜 조정에서는 8월 초하루 조당에서 고구려와 백제의 사신에게 연회를 베풀었다. 그리고 고구려와 백제의 사신들은 다음 달인 9월에 각자의 나라로 돌아갔다고 한다.

631년(영류왕 14)에는 당에서 광주사마(廣州司馬) 장손사(長

孫師)를 보내 수나라 병사들의 유골을 묻은 곳에 와서 제사 지내고, 고구려의 승리를 기념하기 위해 만든 당시 세운 경 관(京觀: 전공戰功을 기리기 위해 적군의 시체를 쌓아올리고 흙으로 덮은 것)을 허물어달라고 요청했다. 고구려에서는 이를 받아 들였다.

이렇게 영류왕은 당의 요청을 받아들여 화친을 도모하는 한편, 만일의 사태에 대비하는 조치도 취했다. 같은 해 2월, 영류왕은 많은 사람을 동원해 장성(長城)을 쌓았다. 그 규모 가 동북쪽 부여성에서 동남쪽 바다까지 1천여 리나 되었다 고 한다. 이 공사는 시작한 지 16년 만에야 마쳤다.

당과 관계를 안정시킨 후인 638(영류왕 21) 10월에는 신라 의 북쪽 변경에 있는 칠중성(七重城)을 공략했다. 그러나 신 라 장군 알천(關川)의 활약으로 칠중성 밖의 전투에서 고구 려군이 패배했다.

640년(영류왕 23) 2월, 왕은 태자 환권(桓權)을 당나라로 보 내 조공했다. 환권을 맞은 당 태종은 그를 환대하고 특별히 선물도 후하게 주었다. 영류왕은 자제를 당나라에 보내 국학 (國學)에 입학시켜줄 것을 요청했다. 이해 9월에는 해가 빛을 잃었다가 3일이 지난 뒤 회복되는 일이 있었다.

641년(영류왕 24), 당 태종은 고구려 태자의 입조에 대한 답례로 직방낭중(職方郎中) 진대덕(陳大德)을 파견했다. 그는 지나는 곳마다 관리들에게 비단을 후하게 주면서 "내가 산수를 좋아하는데, 이곳에 경치가 뛰어난 곳이 있으면 보고 싶다"고 말했다. 선물을 받은 관리들이 기꺼이 그를 인도해 놀러 돌아다니게 해주었고, 덕분에 진대덕은 고구려의 지리에 대해 세세한 곳까지 파악하게 되었다. 고구려 태자의 입조에 대한 답례를 빙자해 실제로는 고구려의 정세를 염탐한 셈이다.

그러면서 진대덕은 수나라 말년에 군대에 나갔다가 고구려에 남게 된 중국 사람들을 보면, 그 친척들의 생사를 말해주었다. 그가 말해주는 소식을 들은 사람마다 눈물을 흘렸다고 한다. 이렇게 인심을 얻으며 고구려를 돌아다니자 그가 가는 곳마다 사람들이 모여들었으며, 영류왕도 그에 대한 예우에 신경을 써서 맞이했다.

그러다보니 진대덕이 사신으로 와서 고구려의 허실을 파악하고 있었다는 점을 고구려에서는 파악하지 못했던 것으로 기록되어 있다. 진대덕이 돌아가 보고하니 당 태종이 기뻐했다. 진대덕은 당 태종에게 "그 나라가 고창(高昌: 중국 신강 위구르 자치구의 투르판에 5~7세기경 번영한 나라. 북위가 북량北凉을 멸망시키고 화북 지방을 통일하자, 서쪽으로 도주해온 흉노족 출신의 저거沮渠 씨가 이곳을 거점으로 450년 차사국車師國을 멸망시켰다. 이것이 고창국의 기원이다. 저거 씨 다음으로는 한인 출신의 왕들이 통치했으며, 640년 당나라에 멸망될 때까지 계속되었다)이 망한 것을 듣고 크게 두려워해 평상시보다 더 접대를 잘했습니다"라고 말했다.

이 말을 들은 당 태종은 "고구려는 원래 한나라 사군(四郡)의 땅이고, 내가 군사를 동원하면 그 나라를 차지하는 것은 어렵지 않다. 그렇지만 산동의 주현(州縣)이 회복되지 않았으므로, 그들에게 고통을 주지 않으려 할 뿐"이라고 했다. 그만큼 당에서도 아직은 고구려와의 전쟁에 부담을 가지고 있었다.

642년(영류왕 25) 정월, 영류왕은 당나라에 조공 사절을 보냈다. 그리고 영류왕은 같은 해 서부(西部) 대인 연개소문(淵蓋蘇文 또는 개금盖金. 『일본서기』에는 이리가수미伊梨柯須彌라 기록. 할아버지는 자유子遊, 아버지는 태조太祚이며, 모두 막리지莫離支의 지위에 올랐다고 (연개소문 맏아들의 묘인 천남생묘지泉男生墓誌에 기록됨)에게 천리장성 공사의 감독을 맡겼다. 그렇지만 연개소문의 세력이 강해지자 여러 대신이 견제하려고 왕과 상의해 연개소문을 죽이려 했다.

이를 미리 알아챈 연개소문은 서부의 군사를 모아 열병(閱兵)한다면서, 잔치를 베풀어 대신들을 초대한 뒤 모두 죽였다. 그 길로 궁궐로 가서는 영류왕을 죽이고, 왕의 조카인 장(臧)을 새 왕으로 세웠다. 그가 바로 고구려의 마지막 왕인 보장왕(寶藏王)이다.

같은 해 11월에 당 태종은 영류왕이 죽었다는 소식을 듣고, 동산에서 애도의 의식을 거행했다. 또 물건 300단(段)을 주고 조문 사신을 보냈다.

같은 해 『일본서기』에도 연개소문 관련 기록이 나온다. 2월 6일에 고구려 사신이 나니하노쓰(難波津)에 머물렀는데, 왜 조정에서는 고구려에서 보낸 물품을 점검하며 들었던 이야기를 기록해놓았다. 고구려 사신은 "작년 6월 왕의 아우였던 왕자가 죽었고, 9월에는 대신 이리가수미(연개소문)가 왕과 이리거세사(伊梨渠世斯) 등 180여 명을 살해했다. 그러고 나서 죽은 왕자의 아들을 왕으로 삼고 같은 왕족인 도수류금류(都須流金流)를 대신으로 삼았다"는 말을 전해왔다.

그런데 고구려 사신이 말했다는 시점이 좀 이상하다. 『삼국사기』 등의 기록에 따르면 연개소문이 정변을 일으킨 시점은 사신의 말대로 전년이 아니라, 바로 이 말을 전하던 해에 일어난 일이기 때문이다.

그리고 같은 달 22일에 고구려와 백제의 사신을 나니하코호리(難波郡)에서 대접했다. 이때 왜 천황은 쓰모리노무라지오호아마(津守連大海, 일본어 つもりのむらじおほあま)를 고구려에, 구니카쓰노키시쿠히나(國勝吉士水鷄, 일본어 くにかつのきしくひな)를 백제에, 구사카베노키시마토(草壁吉士眞跡)를 신라

에, 사카모토노키시나가에(坂本吉士長兄)를 임나에 파견하라는 명령을 내렸다.

고구려와 백제의 사신은 25일에도 대접받은 뒤, 이틀 후에 함께 귀국길에 나섰다.

제28대, 보장왕

연개소문의 부각으로 생긴 당과의 갈등

고구려 제28대 왕인 보장왕의 이름은 장(또는 보장)이고,
나라를 잃은 왕이기 때문에 시호가 없다. 영류왕의 아우 대
양왕(大陽王)의 아들이며, 연개소문이 영류왕을 죽이고 추대
해 왕위를 잇게 한 장본인이다.

연개소문은 정변을 성공시킨 후 스스로 막리지가 되어 대
권을 장악하고 반대파를 탄압했다. 당시 안시성(安市城) 성
주는 그의 반대파였다. 그러나 안시성 공방전은 승패가 나지
않아 양자의 타협으로 일단락되었다. 결국 연개소문은 안시

성주의 지위를 인정했고, 안시성주도 새로운 집권자인 연개
소문의 지위를 인정했다.

보장왕이 즉위한 해, 백제의 압력을 받던 신라가 김춘추
(金春秋)를 보내 군사를 요청하는 일이 있었다. 고구려에서는
신라가 탈취해간 지역을 반환하라 요구했고, 김춘추가 이를
거부하자 억류하려 했다. 이 문제는 결국 김춘추가 고구려의
요구를 들어주는 척하고 신라로 탈출해 하나의 해프닝으로
끝났다. 자세한 내막은 신라의 역사를 다루면서 소개하겠다.
같은 해 8월 16일, 『일본서기』에는 왜에 파견된 고구려 사신
이 귀국했다고 되어 있다.

643년(보장왕 2) 정월, 보장왕은 자신의 아버지를 왕으로
추봉했다. 그리고 당나라에 조공 사절을 보냈다.

같은 해 3월, 연개소문은 보장왕에게 "삼교(三敎)는 솥에
달린 세 발과 같아서 하나라도 없어서는 안 됩니다. 지금 유
교와 불교는 모두 부흥시켰는데 도교는 아직 그렇지 않으니,
이런 상태로 천하의 도술(道術)을 갖추었다고 할 수 있습니
다. 청컨대, 당나라에 사신을 보내 도교를 도입해 포교하십
시오"라고 건의를 하나 올렸다. 보상왕은 건의를 받아들여
당에 도사 파견을 요청했다.

고구려의 요청에 따라 당 태종은 도사 서달(敍達) 등 여덟
명을 파견해주고, 『노자도덕경』도 보내 주었다. 보장왕은 당

태종의 조치에 기뻐하며 절을 빼앗아 이들이 머물게 했다.

　이 자체는 단순히 도교를 도입하는 과정인 것처럼 보인다. 하지만 이면에 감추어진 많은 사실을 읽어낼 수 있다. 먼저 연개소문도 집권 직후에는 당과 화해기조를 이어가려 했다는 점을 알 수 있다. 도교 도입을 기화로, 도교를 숭상하는 당과 평화적인 관계 맺으려 했다는 것이다.

　여기에 다른 의도도 있었다고 보는 경우가 많다. 도교를 육성한 정책은 내부적으로 불교나 유교 같이 다른 사상을 기반으로 형성된 세력을 견제하려는 의도였다는 것이다. 이러한 맥락에서 보장왕이 절을 빼앗아 도사들을 거처하게 했다는 점도 의미심장하다. 이후 이들이 머물렀던 불교 사찰을 기반으로 도사들에게 여러 도교 행사를 열도록 했다.

　『일본서기』에는 같은 해 6월 13일에 쓰쿠시(筑紫)의 다자이후(大宰府)에서 "고구려에서 사신을 파견해 왔다"며 급히 보고를 올렸다. 왜 조정에서는 "고구려에서는 기해년(己亥年) 이래 조공을 보내오지 않다가 금년에 왔다"며 수군거렸다 한다. 그렇지만 여기서 639년(영류왕 22)에 해당하는 기해년이 정확한 시점인지에 대해서는 의문을 품는 경우가 많다.

　연개소문의 노력에도 당에서는 고구려를 정벌하려 했다. 당은 태종 이세민이 즉위한 뒤, 세력을 확장시켜나갔다. 당은 635년(영류왕 18)에 토욕혼을, 640년(영류왕 23)에 고창국을 격파했다. 이로써 당나라에 대항할 세력은 대부분 소멸되었다.

고구려에 도사를 보내준 지 얼마 되지 않은 643년(보장왕 2) 윤6월, 당 태종의 의도가 드러났다. 당 태종은 "연개소문이 임금을 죽이고 국정을 제멋대로 하니 참을 수 없다. 지금의 병력으로도 고구려를 빼앗는 것은 어렵지 않으나, 백성을 고생시키고 싶지 않다. 그래서 나는 거란과 말갈을 시켜 고구려를 응징하려고 하는데 어떤가?" 하며 신하들의 의견을 물었다.

당 태종의 측근 장손무기(長孫無忌)는 "연개소문이 지금 대국의 토벌에 대비하고 있다. 그러니 폐하께서 정벌 계획을 감추고 있으면 저들의 경계가 풀려 다시 교만하고 게을러질 것이니, 그때 가서 토벌해도 늦지 않을 것"이라는 의견을 냈다. 당 태종은 그의 의견을 받아들여 고구려에 책봉 사절을 보내 보장왕을 '상주국 요동군왕 고구려왕'으로 책봉해주었다.

9월에는 신라가 당나라에 사신을 보내 "백제가 우리나라의 40여 성을 공격해 빼앗고 다시 고구려와 군사를 연합해 입조(入朝)하는 길을 끊으려 합니다"라며, 군사 원조를 요청했다. 이달 15일에 밤이 되어도 밝은 빛이 유지되는데 정작 달은 보이지 않고, 많은 별들이 서쪽으로 흘러가는 이변이 일어났다.

644년(보장왕 3)에는 고구려를 정벌하려는 당 태종의 의도가 고구려에도 시사되었다. 같은 해 정월, 고구려에서 당나라에 조공 사절을 보낸 다음 당나라에서 사농승(司農丞) 상리현장(相里玄奬)을 파견해 당 태종이 보낸 「조서」를 보장왕에게 전달했다. 「조서」에는 "신라는 우리 왕조에 충성을 다짐해 조공을 그치지 않으니, 너희와 백제는 마땅히 군사를 거두어야 한다. 만약 다시 신라를 공격하면 명년에 군사를 내어 너희 나라를 칠 것이다"라는 내용이 담겨 있었다.

그런데 상리현장이 고구려에 들어올 즈음, 연개소문은 이미 군사를 거느리고 신라를 공략해 두 성을 함락시켜버린 상황이었다. 보장왕은 당나라의 입장을 의식해 연개소문을 불러들였다. 상리현장이 돌아온 연개소문에게 신라를 침략하지 말라고 요청하자, 연개소문은 이렇게 대응했다.

"우리는 신라와 원한으로 틈이 벌어진 지 이미 오래되었다. 이전에 수나라가 쳐들어왔을 때 신라가 틈을 타서 우리 땅 500리를 빼앗고, 그 성읍을 모두 차지했다. 신라가 빼앗긴 우리 땅을 돌려주지 않는다면 아마 전쟁은 그치지 않을 것이다."

그러자 상리현장은 "지나간 일을 따져서 어찌하겠느냐? 지금의 요동도 본래 모두 중국의 군현이었지만, 중국에서는 이를 따지지 않는다. 그런데 어찌 고구려만 옛 땅 찾기에 집착하는가?"라며 연개소문을 설득하려 했다. 하지만 연개소문은 이를 받아들이지 않았다.

상리현장이 돌아가 연개소문의 입장을 당 태종에게 전달하자, 당 태종은 "연개소문이 임금과 대신들을 해치고 백성을 잔인하게 학대하는데다 나의 명령까지 어기니 토벌하지 않을 수 없다"며 고구려 정벌 의사를 밝혔다.

당 태종은 다시 장엄(蔣儼)을 보내 같은 요구를 되풀이했으나, 연개소문은 이를 일축하며 그를 토굴에 가두었다.

이렇게 대처한 이유를 두고, 정변을 통해 집권한 그의 처지 때문이라고 분석하는 경우도 있다. 외부의 압력에 미온적으로 대처하다가는 자신의 집권을 정당화하기도 어렵고, 뒤집어 말하면 위기가 있어야 내부 단결을 도모할 수 있었다는 것이다.

같은 해 4월 1일, 『일본서기』에는 고구려에 파견한 승려들의 이야기를 적어놓았다. 승려들 중 한 명인 구라쓰쿠리노토쿠시(鞍作得志)가 호랑이를 벗으로 두고 술수를 배웠다고 한다. 벌거벗은 산을 푸른 산으로, 황토를 맑은 물로 바꾸는 등 호랑이에게 배운 술수가 셀 수 없을 정도로 많았다는 것이다.

그중에서도 특이했던 것은 병을 고치는 침이다. 호랑이는 침을 구라쓰쿠리노토쿠시에게 주면서 "다른 사람에게 알리지 말라. 이것으로 치료하면 고치지 못하는 병이 없다"고 말했다고 한다. 실제로도 고치지 못하는 병이 없었다고 한다.

구라쓰쿠리노토쿠시는 귀중한 침을 기둥 속에 감추고 있었는데, 나중에 호랑이가 난데없이 그 기둥을 부수고 침을 가지고 도망갔다.

그런데 이 사건이 또 황당한 방향으로 튀었다. 이후, 고구려에서 구라쓰쿠리노토쿠시가 귀국하려는 것을 알고 독살했다는 것이다. 그리고 이 내용을 승려들이 왜 조정에 보고했다고 되어 있다. 동아시아 다른 나라의 정사(正史)에서 좀처럼 보기 어려운 이야기가 자주 나오는 것이 『일본서기』의 특징인 셈이다.

같은 해 7월, 당 태종은 고구려 정벌을 위한 준비에 착수했다. 홍주(洪州)·요주(饒州)·강주(江州)에 배 400척을 만들어 군량을 실으라는 명령을 내렸다. 또 영주 도독 장검(張儉) 등을 보내 유주(幽州)·영주 도독의 병사와 거란·해(奚)·말갈 병사들을 거느리고 먼저 요동을 치게 하며 상황을 살폈다. 대리경(大理卿) 위정(韋挺)을 궤수사(餽輸使)로 삼아 하북 여러 주에 대한 지휘권을 그에게 몰아주었다. 이와 함께 소경(少卿) 소예(蕭銳)에게 하남 여러 주의 양식을 바다를 통해 수송하도록 명령을 내렸다.

사태가 심상치 않게 돌아가자, 연개소문은 9월 당나라에 백금을 바쳤다. 이에 대해 저수량(褚遂良)이 의견을 냈다.

"막리지가 임금을 죽인 사태를 용납할 수 없어 이를 응징하려고 하는데, 이제 와서 금을 바치니 이것은 곡정(賂鼎: 뇌물을 뜻함)과 같은 것이다. 신(臣)은 받을 수 없다고 생각한다."

당 태종은 그 말에 따랐다.

또 고구려 사신이 "막리지가 관인(官人) 50명을 들여보내 숙위(宿衛: 볼모로 감)하게 할 것"이라는 뜻을 전하자, 당 태종은 분노하며 "너희 무리는 모두 고무(高武, 영류왕)를 섬겨 관작을 얻었다. 그런데 막리지가 왕을 죽였는데도, 너희는 그에 대한 복수를 하지 않고 오히려 그를 위해 대국을 속이려 한다. 이보다 더 큰 죄가 있겠느냐?"라며 고구려 사신들을 모두 처벌해버렸다. 이해 10월, 평양에 붉은색 눈이 내렸다.

당 태종은 고구려를 침공하기 전, 장안(長安)의 노인들을 불러 전쟁으로 인한 불안을 가라앉히려 했다. "요동은 예전에 중국 땅이었고 고구려 막리지가 임금을 죽였으므로, 짐이 몸소 가서 다스리려고 한다. 그래서 나를 따라가는 자는 내가 잘 돌보겠다고 여러 어른과 약속하니 근심하지 말라"며 옷감과 곡식을 후하게 내려주었다.

그래도 여러 신하가 전쟁을 중지할 것을 권했으나 당 태종은 듣지 않았다. "근본을 버리고 말단으로 달리는 일, 높은 것을 버리고 낮은 것을 취하는 일, 가까운 것을 두고 먼 것을 택하는 일, 이 세 가지가 상서롭지 못하다는 점은 알고 있다. 고구려를 치는 것이 이에 해당한다. 그러나 연개소문이 임금과 대신들을 살육하고도 건재하기 때문에 온 나라 사람들이 구원해주기를 고대하고 있는데, 경들은 이런 점을 생각하지 못하는 것이다"라는 논리였다. 그러면서 북쪽의 영주와, 동쪽의 고대인성(古大人城)에 군량을 비축했다.

11월, 당 태종은 낙양에 이르렀다. 이때 당 태종은 벼슬을 내놓고 은퇴했던 의주(宜州) 자사 정천숙(鄭天璹)을 불렀다. 수 양제를 따라 고구려를 정벌했던 경험을 활용해 자문을 구하기 위해서였다. 당 태종에게 불려온 그는 "요동을 통하는 길이 멀어서 군량을 옮기기 어렵고, 동이(東夷)는 성을 잘 지키므로 쉽게 함락시키기 어렵습니다"라고 대답했다. 그러자 당 태종은 "지금은 수나라 때와 다르니, 공은 그저 따르기만 하라"며 자신의 뜻대로 밀어붙였다.

당 태종의 병력 동원과 투입 구상은 이랬다. 형부상서 장양(張亮)을 평양도 행군대총관(行軍大摠管)으로 삼아서, 강회와 영협(嶺硤)의 군사 4만 명과 장안과 낙양에서 모집한 군사 3,000명의 지휘권을 주었다. 그리고 그에게 전함 500척을 이용해서 내주(萊州)로부터 바다를 건너 평양으로 진격하게 했다.

태자첨사좌위솔(太子詹事左衛率) 이적(李勣)에게는 요동도 행군대총관의 지위를 주어, 보병과 기병 6만 명과 난주(蘭州)·하주(河州)의 이민족 병사들을 지휘하게 했다. 이 부대는 유주에서 합류하도록 해 요동으로 진격시켰다.

그리고 행군총관 강행본(姜行本)과 소감(少監) 구행엄(丘行淹)을 미리 보내 기술자들을 독려해 안라산(安羅山)에서 사다리와 충차를 만들게 했다. 이때 모인 용사들과 공성 장비를 바친 자가 매우 많아, 당 태종은 필요하면서도 편리한 것을 모두 직접 골랐다.

또 친필 「조서」를 내렸다. "고구려의 연개소문이 임금을 죽이고 백성을 학대하니 이를 어떻게 참을 수 있겠는가? 이제 유주와 계주(薊州)를 거쳐 요동과 갈석으로 가서 그 죄를 물으려고 하니, 지나는 곳의 군영과 숙사에서 노력과 경비가 들지 않도록 하라"는 내용이었다.

또 "예전에 수 양제는 부하들에게 잔인하고 포악했는데, 고구려왕은 그 백성을 인자하게 사랑했다. 반란을 꿈꾸는 군사로써, 편안하고 화목한 백성을 쳤기 때문에 성공할 수 없었다. 필승의 길은 대략 다섯 가지가 있다. 첫째는 큰 것으로써 작은 것을 치는 것이고, 둘째는 순리로써 반역을 치는 것이며, 셋째는 다스려진 형세로써 어지러운 틈을 타는 것이고, 넷째는 편안함으로써 피로한 것에 대적하는 것이며, 다섯째는 기쁨으로 원망에 맞서는 것이다. 어찌 이기지 못할 것을 두려워할 것이냐? 백성이여, 의심하거나 두려워하지 말라"는 내용도 있었다.

이러한 조치를 통해 군대의 숙식에 드는 부담을 많이 줄일 수 있었다. 신라·백제·해·거란 등의 군대에도 여러 길로 고구려를 공략하도록 명을 내렸다.

당 태종의 고구려 침공

645년(보장왕 4) 정월, 이적의 부대가 유주에 도착했다. 3월에는 당 태종이 정주(定州)에 이르렀다. 이때 당 태종은 시중드는 신하들에게 "요동은 본래 중국 땅인데, 수나라가 네 번이나 군대를 일으켰으나 성공하지 못했다. 짐이 지금 정벌에 나선 것은, 중국의 입장에서는 자제(子弟)들의 원수를 갚는 것이고 고구려의 입장에서는 임금의 치욕을 씻어주려고 하는 것일 뿐이다. 또 다른 곳은 대체로 평정되었는데 고구려만 평정되지 않았기 때문에, 내가 아직 늙지 않았을 때 처리하려고 하는 것이다"라고 했다 한다.

당 태종이 정주를 출발할 때 직접 활과 화살을 차고, 안장 뒤에 비옷도 매었다. 고구려 정벌에 대해 자신이 얼마나 적극적인지 과시한 셈이다.

군대 이동에도 신경을 썼다. 이적의 부대는 유성(柳城)을 출발해 회원진 쪽으로 나오는 것처럼 위장해놓고, 실제 군사들은 몰래 북쪽 샛길로 우회시켜 고구려 측에서 생각하지 못한 길로 나왔다. 그래서 4월, 이적이 통정(通定)으로부터 요수를 건너 현도에 나타나자, 이를 예측하지 못한 고구려 측에서는 크게 놀라 농성하는 쪽을 택했다.

이와는 별개로 부대총관(副大摠管) 강하왕(江夏王) 도종(道宗)이 병사 수천 명을 거느리고 신성에 이르자, 절충도위(折衝都尉) 조삼량(曹三良)이 기병 10여 명을 이끌고 곧바로 성문으로 압박해 들어왔다. 이 때문에 성안에서는 감히 나가서 대응하려는 자가 나오지 않았다.

하지만 이러한 압박에도 불구하고 신성 공격이 여의치 않자, 당 군은 군량이 보관되어 있던 개모성(盖牟城)으로 기민하게 이동했다. 이적과 강하왕 도종은 개모성을 쳐서 함락시켜, 1만 명을 사로잡고 양곡 10만 석을 빼앗는 전과를 올렸다. 그리고 점령한 지역은 개주(盖州)로 삼았다.

한편 영주 도독 장검은 이민족 부대를 이끌고 선봉으로 나섰다. 그는 요수를 건너 건안성(建安城)을 공략, 맞서 싸운 고구려군을 격파하고 수천 명을 죽였다.

장양은 수군을 거느리고 동래(東萊)로부터 바다를 건너 비사성을 습격했다. 비사성은 4면이 깎은 듯한 절벽 뒤에 자리 잡고 있어, 서문 쪽에서만 오를 수 있다는 말이 나올 만큼 난공불락의 요새였다. 하지만 당나라 장수 정명진(程名振)이 군사를 이끌고 선봉에 서서 야습을 감행했고 부총관 왕대도(王大度)가 먼저 성에 올랐다. 음력으로 5월의 첫날, 마침내 성이 함락되고 남녀 8,000명이 죽었다.

이적이 요동성까지 진격했을 때, 당 태종은 요택(遼澤)에 이르렀다. 그런데 이 지역은 200여 리에 이르는 늪지대여서 사람이나 말이 통과하기 어려웠다. 이를 해결하기 위해 장작대장(將作大匠) 염입덕(閻立德)은 흙을 덮어 다리를 만들었다. 이 덕분에 늪지대에서 시간을 끌지 않고 요택의 동쪽으로 건너올 수 있었다.

당의 공격이 예사롭지 않음을 파악한 보장왕은 신성과 국내성의 보병과 기병 4만 명을 동원해 요동 지역 구원에 나섰다. 당 태종이 이끄는 본대가 아직 도착하지 않은 상태였기 때문에, 이 병력과 대치한 당 측의 병력은 강하왕 도종이 거느린 기병 4,000명 정도에 불과했다. 이 상황에서 도종 휘하 지휘관은 대부분 "병력이 심하게 부족하니, 도랑을 깊이 파고 성루를 높이 쌓아 황제가 이끄는 본대가 도착할 때까지 기다리자"는 의견을 제안했다.

그러나 도종의 생각은 달랐다. 그는 휘하 장수들에게 "적은 수가 많은 것을 믿고, 우리를 얕잡아볼 것이다. 또 그들은 먼 길을 이동했기 때문에 피곤할 터이니, 이럴 때 치면 반드시 이길 것이다. 길을 깨끗이 치우고 황제를 맞이해야 마땅

할 텐데, 적을 남겨둔 상태에서 황제를 맞으려고 하는가?"라고 했다.

이 말을 들은 도위(都尉) 마문거(馬文擧)가 "강한 적을 만나지 않고 어떻게 장사임을 나타낼 수 있겠느냐?" 하고 나서 말을 달려 고구려군에게 돌진했다. 그가 고구려군을 무찌르는 모습을 보자, 당 군은 사기가 올랐다. 그렇지만 본격적인 전투가 벌어지자 행군총관 장군예(張君乂)가 견디지 못하고 후퇴했고, 당나라 군대는 패주했다.

이때 도종이 나섰다. 그는 흩어진 군사를 수습한 다음 높은 곳에 올라가 상황을 파악했다. 그러다보니 고구려군의 진영이 흐트러져 있다는 사실을 발견했다. 이 틈을 타 날랜 기병 수천 명과 함께 돌격해 고구려군에 타격을 주었다. 마침 이적이 자기 부대를 이끌고 지원을 오는 바람에, 고구려군은 크게 패하고, 1,000여 명의 전사자를 냈다.

강하왕 도종과 이적이 선전하고 있는 동안 요수를 건넌 당 태종은, 곧바로 애써 만든 다리를 걷어버렸다. 고구려 공략에 실패하면 돌아갈 생각을 하지 말라는 메시지를 준 셈이다. 이런 조치를 취하고, 마수산(馬首山)에 진을 쳤다.

강하왕 도종의 부대와 합류한 당 태종은 그를 위로하며 선물을 주었다. 그리고 용감하게 나서서 사기를 올린 마문거를 승진시켜 중랑장으로 삼았으며, 장군예는 후퇴해 부대의 전열을 무너뜨린 책임을 추궁해 목을 베었다.

당 태종은 몸소 수백 명의 기병을 거느리고 요동성 아래까지 가 보기도 했다. 이때 병졸들이 흙을 져서 날라 해자를 메우는 것을 보고, 그중 가장 무거운 짐을 나누어 자신의 말 위에 실어 옮겨주었다. 이런 모습을 본 시종들도 앞다투어 흙을 져다 성 아래로 옮겼다.

요동성 공략을 주도한 이적은 쉬지 않고 12일 동안 밤낮으로 공격을 퍼부었다. 당 태종의 본대가 합세하자 요동성은 몇 겹으로 포위되었고, 당나라 군의 북소리와 고함 소리로 천지가 진동했다.

고구려 측에서는 이 기세에 눌리지 않기 위해 주몽의 사당[朱蒙祠]을 이용했다. 성안에 있는 주몽의 사당에 쇠사슬로 만든 갑옷과 날카로운 창이 있었다. 이를 두고 전연(前燕) 시대에 하늘이 내려준 것이라고 했다. 성이 함락 위기에 몰리자, 미녀를 여신처럼 치장해놓고, 무당의 입을 빌려 "주몽이 기뻐하니 성은 안전할 것이다"는 말을 퍼뜨렸다.

그렇지만 이적은 큰 돌을 300보 넘게 날릴 수 있는 포차를 배치해 요동 성안으로 돌을 날렸고, 성안에서는 여기에 맞는 것마다 부서졌다. 고구려 측에서는 나무를 쌓아 누대를 만들고 밧줄로 그물을 쳤으나 포차로 받는 피해를 막을 수 없었다.

당나라 측에서는 충차로 성가퀴(성 위에 낮게 쌓은 담)를 쳐서 부수었다. 이때 공격에 나선 당의 병사들은 백제가 만들어 제공한 갑옷을 입고 있었는데, 당 태종이 이적과 만났을 때 갑옷이 햇빛에 빛났다고 한다.

남풍이 세게 부는 틈을 타, 당 태종은 충차의 장대 끝에 날랜 군사를 배치했다. 이들에게 성의 서남쪽 다락에 불을 지르게 하고, 불이 성안으로 번지자 장병들을 성으로 돌입시켰다. 고구려군은 분전했으나 패배했다. 그 결과 1만여 명의 전사자와 1만여 명의 정예병사, 남녀 4만 명의 포로와 함께 50만 섬의 양곡을 빼앗겼다. 당 태종은 점령한 요동성을 요주(遼州)로 삼았다.

요동성 함락 이후, 당나라 군대는 백암성을 공략 목표로 삼았다. 이적은 그 성의 서남방으로 진격하고, 당 태종은 서북쪽으로 진격해 백암성 공략에 들어갔다. 고구려 측에서도 백암성 구원을 위해 오골성(烏骨城)의 고구려군 1만 명을 긴급히 출동시켰다.

고구려 지원군은 백암성에 도착했고, 마침 백암성을 공격하려던 철륵 출신 총관이었던 선봉 계필하력(契苾何力)의 선발 부대와 교전을 벌였다. 이때 계필하력은 고구려 장수 고돌발(高突勃)의 창에 옆구리를 찔리는 큰 부상을 입고 낙마했다. 당나라 장수 설만비(薛萬備)가 고구려군의 포위를 뚫고

93

중상을 당한 계필하력을 구해냈지만, 당의 부대는 패퇴해 물러났다. 당나라 군을 물리친 고구려 지원군은 백암성에 입성해 합류했다.

당나라 군은 백암성에 대한 총공세를 취했다. 그래도 백암성은 산을 의지하고 물가에 접해 있으며, 사면이 험하고 가팔랐다. 이적이 당차(撞車)로 부딪치니, 성에서도 돌과 화살을 빗발처럼 쏘아댔다고 한다. 이 과정에서 우위대장군 이사마(李思摩)가 쇠뇌에 맞자, 태종이 친히 피를 빨아주어 장졸들이 감동하였다는 에피소드가 기록되어 있다.

그만큼 백암성을 함락시키기가 쉽지 않았으나, 내부의 적이 문제였다. 정작 백암성의 수장이라고 할 수 있는 성주 손대음(孫代音)이 몰래 심복을 보내 항복을 청한 것이다. 손대음이 보낸 사자(使者)는 성에 이르러 칼과 도끼를 내던지는 것을 신호로 삼아 당 측에 접촉했다. 그러면서 "저는 항복하기를 원하지만, 성안에 따르지 않는 자들이 있습니다"라는 뜻을 전해왔다.

그러자 당 태종은 당나라 깃발을 사자에게 주면서 "정녕 항복하려 한다면 이것을 성 위에 세워라"라고 했다. 손대음이 당 태종의 말대로 받아온 깃발을 세우니, 성안의 사람들은 당나라 군사가 이미 성으로 올라온 것으로 여기고 저항하지 않았다.

이 과정에서 작은 소동이 있었다. 요동성을 함락시키고 난 후, 백암성주가 항복을 청했다가 얼마 후에 번복하는 일이 있었다. 당 태종은 백암성 측이 변덕을 부리는 데에 노해 "성을 빼앗으면 반드시 사람과 물건들을 전부 전사들에게 상으로 줄 것이다"라는 공약을 한 적이 있었다.

그런데 백암성주가 항복해오자, 이적은 황제가 그들의 항복을 받아들이려는 것을 보고 갑옷 입은 군사 수십 명을 거느리고 가서 청했다. "사졸들이 다투어 화살과 돌을 무릅쓰고 죽음을 돌아보지 않는 것은 노획물을 탐내기 때문입니다. 이제 성이 거의 함락되었는데 어찌 다시 항복을 받아들여서 전사들의 마음을 저버리려 하십니까?"

이적의 항의를 받은 당 태종은 말에서 내려 사과했다.

"장군의 말이 옳다. 그러나 차마 군사를 놓아 사람을 죽이고 그 처자를 사로잡는 일을 벌일 수 없다. 장군 휘하의 공이 있는 자에게는 짐이 가진 물건으로 상을 줄 터이니, 장군은 이 성에서 노략질하는 일과 바꾼 셈 치기 바란다."

이적은 그 말을 듣고 물러났다. 당 태종의 정치 감각을 보여주는 사례라 하겠다.

당 태종은 함락된 성 사람들에게도 비슷한 태도로 대했다. 물가에 장막을 치고 포로가 된 성안의 남녀 1만여 명에게 그들의 항복을 받아낸 다음에는 음식을 내렸으며, 80세

이상의 나이를 먹은 자에게는 차등을 두어 비단을 내렸다. 백암성에 파견되었던 다른 성 출신 병사들도 위로해 타이른 다음 무기를 돌려주고 양식까지 챙겨준 다음 풀어주었다.

고구려 내부의 일도 나름대로 원칙을 정해 그대로 처리했다. 백암성이 함락되기 이전에 요동성의 장사(長史)가 부하에게 죽임을 당하자, 성사(省事)가 그의 처자를 받들고 백암성으로 도망해온 일이 있었다. 당 태종은 그의 의리를 높이 사서 상으로 비단 5필을 내리고, 장사를 위해 상여를 만들어준 다음 평양으로 돌려보냈다. 이렇게 자잘한 일까지 처리하면서 당 태종은 백암성을 암주(巖州)로 편성하고 손대음을 자사로 삼았다.

개모성을 함락시키고 난 후의 뒤처리도 마찬가지였다. 개모성이 위협을 받자, 연개소문은 가시성(加尸城) 사람 700명을 개모성 방어를 위해 파견했다. 개모성이 함락되면서, 이들은 이적에게 사로잡히는 신세가 되었다. 그런데 이들이 당나라 군대를 위해 싸우겠다는 요청을 해왔다. 당 태종은 이 요청에 이와 같이 대답했다.

"너희 집과 식솔들이 모두 가시성에 있는데, 너희가 나를 위해 싸우면 막리지가 너희의 처자를 죽일 것이다. 나는 차마 한 사람의 힘을 얻자고 한 집안을 망가뜨리는 일을 할 수 없다."

그러고는 그들에게 양식을 주어 풀어주었다.

주필산 전투

요동성, 백암성을 차례로 함락시킨 당나라 군은 방향을 돌려 아직 함락시키지 못한 북쪽의 신성 공략에 다시 나섰다. 고구려가 신성과 국내성, 오골성을 부대가 주변 지역으로 출격하는 기지로 활용하자, 당 군으로서는 신성을 남겨두고 남쪽으로 진격하는 데 부담을 느낀 것이다.

하지만 산 위에 지어진 신성은 요동성 전투 때처럼 공성 무기들을 이용하기도 어려웠고, 백암성처럼 내분이 있었던 것도 아니라 공략하기 어려웠다. 상당히 치열한 공격을 퍼부었지만, 당나라 군은 전과를 올리지 못하고 물러났다.

한편 건안성 방면에서도 당나라 장검의 부대는 기세만 올렸을 뿐 성을 함락시키는 데는 성공하지 못했다. 건안성에서 출격한 고구려 부대도 비사성을 함락시키고 진격해 온 장양의 부대를 기습해 타격을 주는 능 당나라 군을 계속 괴롭혔다. 그러자 당나라 측에서는 이후 전략을 두고 고민을 해야 했다.

고민의 중심에는 안시성 공략이 있었다. 이적은 건안성이

나 오골성이 중요하기는 하지만, 안시성을 먼저 점령하지 않으면 배후를 공격받아 보급에 차질이 생길 것이라는 의견을 냈다. 반면 당 태종은 연개소문의 정변 때도 안시성 성주가 굴복하지 않아 결국 타협한 점을 들어 우회할 것을 주장했다. 논란 끝에 결국 이적의 의견에 따라 안시성 공략에 나섰다. 고구려에서도 이러한 의도를 파악하고 북부(北部) 욕살(耨薩) 고연수(高延壽)와 남부 욕살 고혜진(高惠眞)의 지휘 아래, 말갈 부대가 포함된 15만 명의 병력을 안시성 구원을 위해 출동시켰다.

당 태종은 고연수·고혜진의 부대와 전투가 벌어지기 이전부터 측근들에게 장담했다.

"지금 고연수가 취할 수 있는 책략은 세 가지다. 인솔해 온 부대를 곧바로 안시성의 부대와 합류시켜, 성과 함께 높은 산의 험한 지세를 이용해 진을 치는 것이다. 그런 다음 성안에 비축된 군량을 이용해 버티며, 말갈 군사를 풀어 우리의 물자를 탈취하는 수법을 쓰면 안시성을 공략해 해도 쉽게 함락시키지 못할 것이다. 그렇다고 돌아가자면 늪지대에 막혀 곤란해질 것이니, 이것이 상책이다. 성안의 군사와 함께 밤에 도망치는 것은 중책이다. 자신의 지혜와 능력을 헤아리지 않고 나와서 우리와 싸우는 것은 하책이다. 그런데 고연수는 필시 하책으로 나올 것이니, 그렇게 되면 그들은 사로잡힐 것이다."

비슷한 시점 고구려 측에서도 경험이 풍부한 대로(對盧)
고정의(高正義)가 고연수에게 충고했다.

"당 태종은 안팎으로 여러 적을 제거하고 황제가 되었으
니, 이 사람은 무시할 수 없는 인재다. 지금 그가 천하를 통
틀어 동원한 무리를 이끌고 왔으니 대적할 수 없다. 내 생각
에는, 군사를 정비해두기는 하되 싸우지 않고 시간을 끌어야
한다. 그러면서 간간이 기습 부대를 보내 보급을 끊는 것이
낫다. 양식이 떨어지면 싸우려 해도 할 수 없고 돌아가려 해
도 길이 없으니, 그래야 이길 수 있다."

그러나 고연수는 이 충고를 무시해버렸다. 그는 군사를
이끌고 안시성에서 40리 떨어진 곳까지 진출했다. 당 태종은
고연수가 신중을 기해 진격해 올까봐, 돌궐 출신 대장군 아
사나사이(阿史那社尒)에게 함정을 파도록 명령했다. 돌궐 기
병 1,000명을 거느리고 가서 교전을 벌여 패배해 달아나는
척하고 유인하라는 것이었다. 여기에 말려든 고연수는 '상대
하기 쉽구나'라고 생각하며 안시성 동남쪽 8리 되는 곳까지
진출, 산에 의지해 진을 쳤다.

이 부대와 전투를 벌이기 전, 당 태종은 휘하 장수를 모두
모아 전략 회의를 열고 의견을 물었다. 이때 장손무기가 "'적
과 대해 싸우려 할 때는 반드시 먼저 사졸들의 마음을 살펴

야 한다'고 한다. 신이 마침 여러 군영을 지나가다가, 사졸들이 고구려 군대가 왔다는 사실을 듣고 모두 칼을 뽑고 깃발을 매어 달면서 얼굴에 즐거운 빛을 나타내는 것을 보았다. 이들은 반드시 이길 군사들이다. 폐하께서는 스무 살 이전에 친히 군진에 나가 기습병을 내어 이겼으니, 그것은 모두 폐하의 능력을 보여준 것이다. 그러니 직접 지휘하시라"고 했다.

당 태종은 웃으며 "여러분이 이와 같이 사양하니, 생각해 보겠다"며, 장손무기와 함께 기병 수백 명을 거느리고 높은 곳에 올라가 지형과 형세를 살펴보았다. 이때 말갈 부대까지 합친 고구려군의 진영은 길이가 40리에 달했다.

이를 본 당 태종의 얼굴에 근심하는 빛이 어렸다고 한다. 이를 본 강하왕 도종이 "고구려가 온 나라의 힘을 기울여 천자의 군대를 막고 있으므로 평양의 수비는 필시 약할 것입니다. 원컨대 신에게 정예 군사 5,000명을 주십시오. 근본을 엎으면 수십만의 군대를 싸우지 않고 항복시킬 수 있습니다"라고 했다.

그러나 당 태종은 그 말을 듣지 않고 고연수에게 사신을 보내는 기만책을 썼다. "나는 너희 나라의 권신이 임금을 죽인 죄를 묻기 위해 왔을 뿐 교전까지 벌일 생각은 없다. 너희 국경에 들어온 다음 마초와 양식이 부족해서 성을 몇 개 빼앗은 것이다. 너희 나라가 신하의 예를 갖추면 꼭 돌려줄 것이다"라는 내용이었다. 이에 비해 『삼국사기』에는 "고연수가 방어를 게을리했다"고 기록되어 있다.

본격적인 전투를 벌이기 전날 밤, 당 태종은 주요 요인들을 소집해 계획을 짰다. 당 측의 작전은 이러했다. 이적 휘하의 보병과 기병 1만 5,000명이 서쪽 고개에서 진을 치게 하고, 장손무기와 우진달(牛進達)이 정예군 1만 1,000명을 거느리고 산의 북쪽으로부터 협곡으로 나와 그 뒤를 기습하게 했다. 그리고 당 태종이 친히 이끄는 보병과 기병 4,000명은 북과 피리, 깃발을 가지고 산으로 올라가 고연수의 부대를 끌어들이고, 북과 피리 소리가 나면 일제히 공격하도록 작전을 짠 것이다. 승리를 확신한 당 태종은 담당 관리에게 명해 조당(朝堂) 옆에 미리 항복 받을 장막을 설치해놓았다. 이날 밤 별똥별[流星]이 고연수의 진영에 떨어졌다.

이튿날 고연수 등은 자신의 눈앞에 나타난 이적의 군사가 적은 것을 보고 달려들었다. 당 태종은 장손무기의 부대가 일으키는 먼지를 신호로 삼아, 북과 피리 소리를 내며 깃발을 들도록 했다. 신호를 받은 여러 부대는 북을 치고 소리를 지르며 일제히 나왔다.

고연수 등은 사방에서 달려드는 당 군을 막기 위해 부대를 나누었으나, 이미 진용이 무너져버린 상태였다. 마침 천둥과 번개가 쳤는데, 용문 사람 설인귀(薛仁貴)가 기이한 옷을 입고 크게 소리치며 고구려군 진영으로 돌진했다. 그가 향하는 곳마다 고구려군이 쓰러져 나가자 고구려군의 사기가 꺾였다. 설인귀의 활약을 바라보던 당 태종은 그를 유격장군(遊擊將軍)으로 임명했다.

또 다른 쪽에서는 신라 출신 좌무위(左武衛) 과의(果毅) 설계두(薛罽頭)가 선봉에서 서서, 고구려군과 격렬히 전투를 벌이다가 전사하고 말았다. 이런 상황에서 당의 본대가 들이치면서 고구려군은 크게 무너져, 3만여 명의 전사자를 내고 말았다.

고연수·고혜진은 마침내 당 군의 포위망에서 빠져나와 동쪽 강가로 다시 돌아왔으나 이미 3만여 명의 사망자를 낸 상태였다. 이들이 생존자들을 이끌고 강을 건너 퇴각할 가능성을 차단하기 위해, 당 태종은 장손무기에게 교량을 전부 철거하도록 명령을 내려놓았다.

퇴각할 길이 막힌 고연수·고혜진은 부대를 이끌고 산에 의지해 진을 쳤지만, 당 군에 포위되었다. 고립된 고연수와 고혜진의 부대는 더 이상 버티지 못하고 마침내 생존자 3만 6,800명을 이끌고 항복했다.

당 태종은 욕살 이하의 관리 3,500명을 선발해 당나라 지역으로 옮기고, 나머지는 모두 평양으로 돌아가도록 풀어주었다. 그러나 말갈인 3,300명은 전부 생매장시켜버렸고, 말

5만 필, 소 5만 두, 명광 갑옷 1만 벌에 더해 이에 필적하는 양의 장비들을 노획했다.

전투가 끝나자, 당 태종은 신라인임에도 당나라 사람보다 더 적극적으로 싸우다 전사한 설계두에 크게 감명받아 눈물을 흘렸다고 한다. "우리나라 사람도 죽음이 두려워 앞으로 나서지 못하는데, 외국인으로서 우리를 위해 목숨을 바쳤으니 어떻게 그 공을 갚겠는가?" 하고는, 시중드는 관리들에게 그의 평생의 소원을 물었다. 그리고 황제가 입는 옷[御衣]를 벗어 덮어주고 대장군 관직을 내려주며 예(禮)를 다해 장례를 치렀다. 그리고 자신이 갔던 산의 명칭을 주필산(駐驛山)으로 고쳤다. 이와 함께 고연수에게 홍려경(鴻臚卿), 고혜진에게 사농경(司農卿) 벼슬을 주었다.

그런데 "현재 기록된 주필산 전투의 양상에 대해 감안해야 할 점이 있다"는 지적도 있다. 기본적으로 이 전투의 양상은 중국 측 「사서」에 남아 있는 내용을 바탕으로 재구성할 수밖에 없는 구조다. 『삼국사기』도 중국 「사서」의 내용을 바탕으로 구성했기 때문이다.

사실 현재 남은 기록에서는 주필산 전투에 대해, 전투 초기 당 군이 고연수·고혜진의 부대에 승리한 부분만이 기록되어 있을 뿐이다. 그런데 이 전투의 총사령관이 고연수와 고혜진이었는지부터 의문이 생긴다. 당시 동원된 고구려군

103

15만 명은 단일 전투로 동원된 병력으로는 전무후무하다고 할 정도로 역사상 최대 규모에 가깝다. 그런데 이 정도 대부대를 총 지휘했다는 고연수나 고혜진의 지위가 욕살에 불과했다. 이는 고구려의 관직 체계상 너무 낮은 지위였다.

고연수와 고혜진에 관련된 기록이 자세히 전해지는 이유는, 이들이 당에 항복해 포로가 되었기 때문이라고 할 수 있다. 이에 비해 항복하지 않았기 때문에 당에서 언행은 물론 인적사항조차 파악할 수 없었던, 고구려 인물에 대한 언급은 상대적으로 적을 수밖에 없다. 사실 고구려의 입장에서는 끝까지 버텼던 인물들의 비중이 높았던 것이 당연하지만, 당나라 측에서 남긴 기록에 의지하는 구조 때문에 이들에 대한 언급이 적은 셈이다. 그래서 『삼국사기』 편찬자도 안시성 전투의 주역인 성주의 이름이 전하지 않는 점에 대해 안타까움을 표시했다.

이러한 측면에서 보면 안시성 구원을 위해 투입된 15만 명 병력의 총지휘관은 대대로였던 고정의였을 것이라는 추론도 가능하다. 고정의는 대대로라는 높은 관직에 걸맞게 나이와 경험이 많았다고 되어 있기 때문이다.

전쟁과 관련되어서도 누락 또는 전과가 과장되거나 의문스러운 대목도 많다. 당 태종의 당 군이 요동성을 함락한 이후 주필산 전투와 안시성 전투 때까지는 공백 기간이 있다.

그런데 이에 대한 기록이 없으며, 이후 끝까지 함락되지 않은 신성과 건안성 전투의 기록도 생략되어 있다. 이와 같이 주요 전투에 대해 구체적인 상황 묘사가 빠진 내용이 많다는 점을 고려해야 한다.

당의 고구려 공략이 한참이던 7월 10일, 『일본서기』에는 고구려·백제·신라가 함께 조공 사절을 보내왔다고 되어 있다. 이때 왜의 고세노토코다노오미(巨勢德太臣)은 고구려의 사신에게 아키쓰미카미토아메노시타시라스야마토노스메라미코토(明神御宇日本天皇)의 말이라며, "천황과 고구려가 서로 사신을 파견한 역사는 짧지만 앞으로는 길게 이어질 것이니, 좋은 마음으로 왕래하라"고 명했다는 말을 전했다.

안시성 공략과 실패

당나라 군대에 고연수 부대가 패배하고 항복하자, 부근의 작은 성인 후황성(后黃城)과 은성(銀城)에서는 방어를 포기하고 도망가 수백 리에 걸쳐 인기척이 없었다고 기록되어 있다.

이때 연개소문은 안시성의 전황을 알고자 고죽리(高竹離)를 첩자로 파견했는데, 그가 그만 당나라 군사에게 붙잡히고 말았다. 고죽리가 끌려나오자, 당 태종은 그의 결박을 풀어

주고는 심하게 여윈 이유를 물었다. 이에 고죽리는 "몰래 샛길로 오느라 여러 날 굶주려서 그렇다"고 대답하자, 태종은 먹을 것을 주도록 하고는 "막리지가 군중의 소식을 알고 싶으면, 곧바로 나의 처소로 사람을 보낼 일이지, 무엇 때문에 고생스럽게 샛길로 보내느냐?"고 전하라면서, 맨발로 있던 고죽리에게 짚신을 신겨 돌려보내주었다고 한다.

우여곡절 끝에 이적의 주도로 안시성 공략이 시작되자, 안시성 사람들은 당 태종의 지휘 깃발이 보이면 즉시 성에 올라 북을 두드리고 함성을 질러댔다. 당 태종이 진노하자, 이적은 "성이 함락되는 날 안시성의 남자를 모두 구덩이에 묻어버리자"는 제안을 했다. 안시성 사람들이 이 말을 듣고 목숨을 걸고 저항하는 바람에, 오랫동안 공격해도 함락되지 않았다.

그러자 당 측에서는 안시성 공략을 포기하고 우회하자는 주장이 대두되기 시작했다. 항복한 고연수·고혜진부터 "안시성은 쉽게 함락시킬 수 없는 반면, 오골성의 욕살은 늙어서 성을 제대로 지킬 수 없으니 그곳부터 공략하면 쉽게 함락시킬 수 있을 것이다. 그러면 나머지 작은 성들은 자동적으로 무너져버릴 것이니, 그런 후에 물자와 양식을 거두어서 진격하면 평양도 함락시킬 수 있을 것"이라는 의견을 올렸다.

나머지 참모들도 "비사성에 진출한 장양의 부대를 소환

하면 이틀 후에 올 수 있을 것이니, 고구려가 두려워하는 틈을 타서 오골성을 함락시키고, 압록수를 건너 곧바로 평양을 빼앗는 편이 좋을 것"이라 했다. 당 태종도 이를 따르려 했으나, 장손무기는 "천자가 친히 정벌에 나섰는데, 위험한 상황에서 요행을 바랄 수 없다. 지금 건안성과 신성의 적의 무리가 10만 명이나 되는데, 만약 오골성으로 향한다면 그들이 우리의 뒤를 밟을 것이다. 그러니 만전을 기해 먼저 안시성을 깨뜨리고 건안성을 빼앗은 후에 군대를 진격시켜야 한다"며 반대하고 나섰다. 당 태종은 장손무기의 말에 흔들려 안시성 공략을 계속했다.

그러던 어느 날 성안에서 닭과 돼지 소리가 나자, 당 태종이 이적에게 "성을 포위한 지 오래되어 성안에서 나는 연기가 날로 작아지더니 이제 닭과 돼지가 매우 시끄럽게 울고 있다. 이것은 필시 군사들을 잘 먹이고 야습을 감행하려고 하는 것이다. 경계를 강화해 대비해야 한다"고 지시했다. 당 태종의 예측대로 이날 밤, 고구려군 수백 명이 성에서 줄을 타고 내려갔다. 당 태종은 이 소식을 듣고 직접 성 밑까지 진출해 반격을 지휘했고, 고구려 측은 수십 명의 전사자를 남긴 채 나머지 생존자는 달아났다.

고구려의 기습은 격퇴시켰지만, 성에 대한 공략은 여전히 곤란을 겪었다. 그러자 당 측에서는 새로운 공략 방법을 시도했다. 강하왕 도종이 성의 동남쪽 모퉁이에 흙으로 산을 쌓으면서 안시성을 압박한 것이다. 그러자 안시성에서도 성가퀴와 성벽을 더 높이며 대항했다.

이에 이적은 포석과 충차를 동원, 안시성 서쪽의 망루와 성가퀴를 허물어버리며 공략에 나섰다. 이렇게 충차와 포석으로 누첩(樓堞)을 무너뜨리면, 성안에서는 무너진 곳에 목책을 세워 막았다. 이 공방전은 병사들을 교대시켜가며 하루에 예닐곱 차례 맞붙었을 정도로 치열했다. 이 과정에서 도종이 발을 다치자, 당 태종이 친히 침을 놓아주며 격려하는 일도 있었다.

고전을 하면서도 60일 동안 50만 명의 인력을 동원하며 토산 쌓기에 매진한 결과, 어느 정도 완성된 토산 꼭대기가 성안을 내려다볼 수 있을 정도까지 쌓였다. 도종은 과의(果毅) 부복애(傅伏愛)에게 병력을 주고, 산꼭대기에 주둔을 하며 적의 공격에 대비하도록 명령을 내려두었다.

그런데 어느 순간 쌓아놓았던 토산이 무너지면서 흙더미에 성 일부가 무너져내렸다. 이를 틈탄 고구려에서는 수백 명을 동원, 성이 무너진 곳으로 진출해 싸워서 토산을 빼앗아버렸다. 그리고 빼앗은 토산에 구덩이를 파서 올라오는 길을 끊었다. 이와 함께 불을 지르고 방패를 둘러 당 군의 탈환에 대비했다.

하필 이 시점에 부복애는 개인적인 일로 부대를 떠나 있었다. 당 태종은 이 사태에 진노해 부복애의 목을 베어 두루 돌리고, 토산 탈환을 위한 총공격에 나섰다. 그러나 3일에 걸친 공세에도 토산 탈환에 성공하지 못했다. 도종은 이 사태의 책임을 지고 맨발로 깃발 아래에 나아가 죄를 청했다. 이때 당 태종은 "너의 죄는 죽어 마땅하다. 그러나 짐은, 한(漢)나라 무제가 왕회(王恢)를 죽인 것은 진(秦)나라 목공(穆公)이 맹명(孟明)을 쓴 것만 같지 못하다고 여기며, 또 개모성과 요동성을 깨뜨린 공이 있으므로 특별히 너를 용서한다"며 도종을 처벌하지 않았다.

그렇지만 토산을 빼앗기면서 안시성을 함락시킬 염원은 실현 불가능해졌다. 당 태종은, 요동이 일찍 추워져서 풀이 마르고 물이 얼어 군사와 말이 오래 머물기 어려우며, 양식이 떨어져간다는 이유로 퇴각을 명령했다. 당 군의 철수를 본 성안에서는 나오지 않았으나, 성주가 성에 올라 절하며 작별 인사를 했다. 당 태종은 그가 성을 잘 지킨 것을 가상하게 여겨 비단 100필을 주면서 임금을 잘 섬기라고 격려했다 한다. 이때 선전한 안시성주가 양만춘(楊萬春)이라는 후대의 기록이 남아 있으나 확인되지 않는 상태다.

퇴각하면서도 당 태종은 신중을 기했다. 먼저 요주와 개주의 인원부터 먼저 요수를 건너게 하고, 나머지 병력은 안

109

시성 밑에서 시위를 하며 돌아갔다. 퇴각하는 중에도 이적과 도종에게 보병과 기병 4만 명을 후군(後軍)으로 편성하게 해 후위 전투를 맡겼다.

이들은 요수를 건너는 데 심한 곤란을 겪었다. 늪지대인 요택의 진창 때문에 수레와 말이 지나갈 수 없을 정도였다. 당 태종은 장손무기에게 1만 명을 거느리고 풀을 베어 길을 메우고 물이 깊은 곳에는 수레로 다리를 만들도록 했다. 당 태종 자신도 직접 말채찍으로 나무를 묶어 일을 도와주었다.

10월, 당 태종은 포구(蒲溝)에 이르러 말을 멈추고, 진흙길 메우는 작업을 독려했다. 여러 부대가 발착수(渤錯水)를 건너는 과정에서 폭풍이 불고 눈이 내려서 많은 병사가 죽자, 길에 불을 피워 맞이하라는 명령을 내리기도 했다. 이 과정에서 당 측이 상당한 희생을 치렀음을 시사한다.

당 군이 굳이 길이 험한 요택을 통과하면서 많은 희생을 감수한 이유를 두고 논란이 있다. 일부에서는 고구려군의 추격을 의식한 것이며, 혹자는 이러한 피해가 고구려군에게 후미를 공격당해 입은 것을 두고, 추위 때문이라고 평계를 댄 것으로 보기도 한다. 함락시킨 요동성 일대로 퇴각하지 않고, 하필 늪지대인 요택으로 간 점부터 이상하다는 것이다.

또한 이전에 많은 양식을 고구려에게서 탈취했는데 당 군이 서둘러 퇴각한 명분이 군량미가 떨어질 것이라는 예측 때문이었다는 점과, 자신들의 구체적인 피해 상황은 정확히 기록하지 않은 점도 의문으로 지적된다. 일각에서는 요동 주요 성을 우회하여 퇴각한 것으로 보아 당시 고구려군이 요동성 등 10성을 회복했을 것이라고도 본다.

여러 의문이 있지만, 당 측이 남긴 기록에는 고구려 정벌에서 "현도·횡산(橫山)·개모·마미(磨米)·요동·백암·비사·협곡(夾谷)·은산(銀山)·후황(後黃) 10성을 함락시키고, 요주·개주·암주 3주의 호구를 옮겨 중국으로 들어간 자가 7만 명이었다"고 되어 있다. 고연수는 항복한 뒤부터 항상 분에 차 있다가 얼마 후에 화병으로 죽었고, 고혜진은 장안에 이르렀다. 신성·건안·주필 세 방면의 전투에서 양측의 희생이 매우 컸다는 점은 인정된다. 당 태종은 실패를 깊이 후회해 탄식하기를, "위징(魏徵)이 있었다면 내가 이번 걸음을 하게 하지는 않았을 것이다"라고 했다.

그렇지만 이 원정에서 사로잡은 고구려인 포로에 대해서는 선처를 해주었다. 요동성에서 잡힌 1만 4,000명의 포로들은 당의 침공에 저항했기 때문에 원칙적으로는 노비가 되어야 했다. 이들은 유주로 보냈다가, 노비로 나누어 주게 되어 있었다. 그렇지만 당 태종은 이들의 가족이 하루아침에 흩어질 것을 가엾게 여겨, 관리에게 명을 내려 베와 비단으로 몸값을 배상하도록 했다. 이들을 사면해 백성으로 삼은 것이며, 이 조치에 혜택을 받은 무리의 환호성이 3일이 되도록 그치지 않았다고 한다.

안시성 전투 이후 고구려와 당의 화해와 갈등

646년(보장왕 5) 2월에 수도로 돌아간 당 태종은 이정(李靖)에게 "내가 천하의 많은 무리를 가지고 작은 오랑캐에게 곤욕을 치른 것은 무엇 때문이냐?"고 물었다. 이정은 "도종이 알 것입니다"고 대답했다. 황제가 돌아보며 도종에게 묻자, 도종은 주필산에 있을 때 빈틈을 타서 평양을 빼앗자고 한 이야기를 자세히 아뢰었다. 당 태종은 "당시 경황이 없어서 기억이 나지 않는다"고 대꾸했다.

같은 달, 『일본서기』에는 고구려·백제·임나·신라가 나란히 사신을 보내 조공품을 바쳤다고 되어 있다.

5월에는 보장왕과 막리지 연개소문이 사신을 보내 사죄하고, 미녀 두 명을 바쳤다. 그러나 당 태종은 이들을 돌려보냈다. "여색 즐기는 것을 마다하지 않겠지만, 이 여자들이 친지들을 떠나 마음 상하는 것이 딱해 취하지 않겠다"는 이유였다. 이 시기 동명왕 어머니의 소상(塑像: 흙으로 만든 상)이 사흘 동안 피눈물을 흘리는 일이 있었다.

이러한 화해 노력에도 당과 고구려의 관계가 근본적으로 개선되지는 않았다. 그 이유가 몇 가지 제시되어 있다. 당 태종이 연개소문에게 활집을 선물로 주었는데, 이것을 받고도 사례하지 않았다는 것이 맨 처음에 제시되어 있다. 다음으로는 "이후에도 더욱 교만하고 방자해져서, 사신을 보내 「표」를 올리지만 그 말은 모두 괴이하고 황당했다"고 했다. 당나라의 사신을 접대하는 데에도 거만했고, 항상 변경의 틈을 엿보았다는 점도 이유였다.

마지막으로 "누차 칙령을 내려 신라를 치지 말라 해도, 침략하고 업신여기기를 그치지 않았다"는 이유가 제시되어 있다. 이러한 이유로 당 태종이 조공을 받지 말라 명령하고 다시 토벌할 것을 의논했다.

보장왕 6년(647) 정월, 『일본서기』에는 고구려와 신라 사절이 조공품을 바쳤다고 되어 있다.

2월에 당 태종이 다시 고구려 정벌을 논의하려 했을 때, 당 조정의 중론은 이렇게 나왔다.

"고구려는 산에 의지해 성을 쌓았기 때문에 쉽게 함락시킬 수 없다. 전에도 황제께서 친히 정벌했기 때문에 고구려 사람들이 제대로 농사를 지을 수 없었으며, 우리가 점령한 성에서도 곡식을 거두어들여 피해가 컸다. 이후에도 가뭄이 계속되었으므로 백성의 태반이 식량 부족을 겪고 있다. 그러니 소규모 부대를 자주 보내 번갈아서 혼란을 일으키면, 고구려는 농사를 제대로 지을 수 없어 피해가 쌓일 것이다. 그렇게 몇 년만 지나면 고구려 내부의 인심이 저절로 흉흉해질 것이니, 압록수 북쪽은 싸우지 않고도 얻을 수 있을 것이다."

당 태종은 이 전략을 받아들였다. 이에 따라 좌무위대장군 우진달을 청구도(靑丘道) 행군대총관으로 삼고, 우무위장군 이해안(李海岸)을 부총관으로 삼아, 이들에게 1만여 명의 병력을 주었다. 이 부대는 누선(樓船)을 타고 내주로부터 바다를 건너 들어오도록 전략을 세웠다.

이와는 별도로 태자첨사 이적을 요동도 행군대총관으로 삼고, 우무위장군 손이랑(孫貳朗) 등을 부총관으로 삼아, 3,000명의 병력을 지휘하게 했다. 이 부대는 영주 도독부의 군사를 앞세우고 신성 쪽의 길로 들어오게 했다. 두 부대 모두 수전(水戰)에 익숙한 자들을 골라 배치했다.

같은 해 5월에 이적의 군사가 요수를 건너 남소성 등 몇 성을 지나가자, 고구려군이 성에서 나와 싸웠다. 소규모 부대의 무력시위를 통해 농성하게 만들면서 농사 등 생업을 곤란하게 하려는 당 측의 의도를 눈치챘기 때문에 선택한 전략 같다. 그러나 이적은 이를 격파하고 나성에 불을 지르고 돌아갔다.

7월에도 우진달과 이해안이 고구려 국경 안으로 들어와

100여 차례나 전투를 치르면서 석성(石城)을 함락시키고 적리성(積利城) 아래까지 진출했다. 고구려군 1만여 명이 나가 싸웠으나, 이해안에게 패배하고 전사자 3,000명의 희생을 치렀다.

8월에는 당 태종이 송주(宋州) 자사 왕파리(王波利) 등에게 강남 12주의 기술자들을 징발해, 큰 배 수백 척을 만들게 하고 고구려를 공략하려 했다.

피해가 누적되자 고구려 측에서는 12월, 보장왕이 둘째아들인 막리지 임무(任武)를 당으로 파견해 사죄하게 했으며, 당 태종은 이를 허락했다.

648년(보장왕7) 정월, 고구려 측에서는 당나라에 조공사절을 파견했다. 그렇지만 당 태종은 이에 아랑곳하지 않고, 우무위대장군 설만철(薛萬徹)을 청구도 행군대총관으로, 우위장군(右衛將軍) 배행방(裴行方)을 부총관으로 삼아, 군사 3만여 명과 누선 전함을 이끌고 내주로부터 바다를 건너 공격하도록 했다.

같은 해 2월 1일, 『일본서기』에는 "왜에서 삼한(고구려·백제·신라를 말한다고 되어 있음)에 학문승(學問僧)을 파견했다"는 기록이 나온다.

4월에는 오호진(烏胡鎭: 현재의 중국 산동성 봉래시 동북쪽 섬에 고구려 공략을 위해 설치했던 군진) 장수 고신감(古神感)이 바다를 건너 침공해 왔다. 이들은 역산(易山)에서 고구려 보병·기병 5,000명과 전투를 벌여 격파했다. 그날 밤에 고구려군 1만여 명은 고신감의 배를 습격했으나, 그가 배치해둔 복병에 막혀 패했다.

6월, 당 태종은 고구려 측의 피해가 축적되었을 것으로 여기고 다음 해에 30만 명의 군사를 동원해 단번에 멸망시킬 계획을 세웠다. 이 계획에 대해 논의를 부치자 "대군이 동쪽 정벌에 나서려면 한 해를 지낼 군량은 반드시 갖추어야 하는데, 육로로 실어 나를 수 없으므로 수로(水路)를 이용해야 할 것이다. 그런데 수나라 말기에 검남(劍南) 지방만이 도적의 피해를 입지 않았고, 최근 요동 쪽으로 정벌을 시행했을 때도 이 지방이 참여하지 않아서 여유가 있으니 그들에게 배를 만들게 해야 한다"는 의견이 나왔다.

당 태종은 그 말에 따라, 좌령좌우부(左領左右府) 장사 강위(强偉)를 검남도(劍南道)로 보내 배를 만들게 했다. 이때 만들 배 중 큰 것은 길이가 100자에 달했고, 넓이는 그 반쯤 되었다. 따로 사신을 무협(巫峽)으로부터 강주·양주(楊州)에 이르는 길은 수로로, 이후로는 내륙으로 가도록 했다.

같은 해 7월, 고구려 수도에 사는 여자가 몸 하나에 머리가 둘인 아들을 낳는 일이 있었다. 9월에는 노루 떼가 강을 건너 서쪽으로 달아나고 이리 떼가 따라가는 일이 3일 동안 끊이지 않았다.

이달, 당 태종이 장군 설만철 등을 보내 고구려를 침공했다. 그들은 바다를 건너 압록강으로 들어와, 박작성(泊灼城) 남쪽 40리 되는 곳에 진을 쳤다. 박작성주 소부손(所夫孫)이 보병과 기병 1만여 명을 거느리고 막았으나, 설만철의 명을 받은 우위장군 배행방이 여러 부대를 거느리고 공략해서 고구려군을 무너뜨렸다. 배행방 등은 기세를 몰아 성을 포위했다. 그러나 박작성은 산과 물에 의지한 천혜의 요새였기 때문에 당 군의 공세에도 함락되지 않았다.

고구려 장수 고문(高文)은 오골·안지(安地) 등 여러 성의 군사 3만여 명을 거느리고 가서 구원했는데, 진영을 둘로 나누어 배치했다. 설만철도 자신의 부대 나누어 이에 대응하니, 고구려 측이 패배했다.

당 태종은 또다시 강남에 명해 큰 배를 만들게 하고 섬주자사 손복가(孫伏伽)를 보내 용감한 사졸들을 모집하게 했다. 이와 함께 내주자사 이도유(李道裕)에게 오호도(烏胡島)에 군량과 장비를 옮겨 비축하도록 명령하고, 장차 크게 군사를 일으키려고 했다. 그러나 다음 해인 649년(보장왕 8) 당 태종이 죽자, 그는 「조서」를 남겨 고구려 정벌을 중지시켰다.

고구려와 당 고종의 갈등

650년(보장왕 9) 6월, 반룡사(盤龍寺)의 보덕화상(普德和尙)이 남쪽 완산(完山) 고대산(孤大山)으로 옮겨 갔다. 나라에서 도교를 받들고 불교를 믿지 않았다는 것이 이유였다. 이해 7월에는 서리와 우박 때문에 곡식을 해쳤기 때문에 백성들이 굶주렸다.

652년(보장왕 11) 정월에는 당나라에 조공사절을 파견했다.

654년(보장왕 13) 4월, 불길한 소문이 돌았다. "마령(馬嶺) 위에 신인(神人)이 나타나 '너희 임금과 신하들이 사치함이 한도가 없으니 패망할 날이 얼마 남지 않았다'고 말했다"는 것이다.

이해 10월, 보장왕은 장수 안고(安固)에게 고구려군에 말갈 병사까지 더해진 병력을 출동시켜 거란을 쳤다. 이때 송막도독(松漠都督) 이굴가(李窟哥)가, 신성에서 고구려군을 크게 패퇴시켰다.

655년(보장왕 14) 정월, 고구려 측에서 백제·말갈과 함께 신라의 북쪽 변경을 침범해 33성을 빼앗았던 일로 인해, 신라왕 김춘추(金春秋)가 당나라에 사신을 보내 원조를 요청했다. 이해 2월에 당 고종(高宗)은 영주도독 정명진(程名振)과 좌위중랑장 소정방(蘇定方)을 파견해 고구려 공략에 나섰다.

5월에 정명진 등이 요수를 건너자, 고구려 측에서는 그 부대의 규모가 적은 것을 보고 나아가, 귀단수(貴端水)를 건너 마주 싸웠다. 정명진 등이 고구려군에 반격을 가해 크게 이겨, 천여 명의 전사자와 포로를 발생시켰다. 그리고 성 외곽과 촌락에 불을 지르고 돌아갔다.

656년(보장왕 15) 5월, 고구려 수도에 쇠가 비처럼 떨어지는 일이 있었다. 12월에는 사신을 당나라에 보내 황태자 책봉을 축하했다.

『일본서기』에는 이해 8월 8일, 고구려가 '달사(達沙) 등을 파견해 조를 바쳤다'고 되어 있다. 이때 사신단의 규모는 부사 이리지(伊利之) 등 모두 81명에 달했다고 한다. 그러자 왜에서는 9월, 고구려에 대사(大使) 가시하데노오미하쓰미(膳臣葉積), 부사 (副使) 사카히베노무라지이하스키(坂合部連磐鍬), 대판관(大判官) 이누카미노키미시로마로(犬上君白麻呂), 중판관(中判官) 가후치노후미노오비토(河內書首), 소판관(小判官) 오호쿠라노키누누히노미야쓰코마로(大藏衣縫造麻呂)를 파견했다. 이해에 왜에서는 아스카의 오카모토(岡本)에 새로 궁전 지을 터를 정했고, 이때 고구려·백제·신라가 모두 사신을 파견해 조를 바쳤다고 한다. 그래서 왜 측에서는 감색 장막을 궁전 터에 치고 향응을 베풀었다고 되어 있다.

658년(보장왕 17) 6월에 당나라 영주도독 겸 동이도호(東夷

都護) 정명진과 우령군 중랑장 설인귀(薛仁貴)가 침공해 왔으나, 전과를 거두지 못했다.

659년(보장왕 18) 9월에 호랑이 아홉 마리가 한꺼번에 성으로 들어와 사람을 잡아먹었지만, 붙잡지 못하는 사건이 있었다. 11월 당나라 우령군 중랑장 설인귀 등이 고구려 장수 온사문(溫沙門)과 횡산(橫山)에서 싸워 이겼다.

이해 『일본서기』에는 고구려 사신에 대한 이야기가 나온다. 고구려에서 온 사신이 곰 가죽 한 장을 가지고 '명주솜 60근'이라는 가격을 제시했다. 왜의 관리[市司]는 비웃으며 상대하지 않았다고 한다. 그 이유는 곧 밝혀졌다. 고려화사(高麗畵師) 자마려(子麻呂)가 고구려 사신을 자신의 집에서 접대하며, 관청에서 곰 가죽 70장을 빌려와 손님 자리에 깔았던 것이다. 왜에서 곰 가죽이 흔한 물건이라는 점을 이런 식으로 보여준 셈이다. 고구려 손님들은 이상하게 여기면서도 부끄러워하며 돌아갔다고 한다.

660년(보장왕 19) 정월 1일, 『일본서기』에는 고구려의 사신 을상(乙相) 266 하취문(賀取文) 267 등 100여 명이 쓰쿠시에 도착한 후, 5월 나니와를 거쳐 7월 돌아갔다고 적어놓았다.

『삼국사기』에는 7월, 평양의 강물이 3일 동안이나 핏빛으로 물들었다는 기록이 나타난다. 11월 1일에는 고구려 측에서 신라 칠중성을 침공해 군주 필부(匹夫)를 전사시켰다. 그러자 같은 달, 당나라 측에서 좌효위대장군 글필하력(契苾何力)을 패강도(浿江道) 행군대총관으로, 좌무위대장군 소정방을 요동도 행군대총관으로, 좌효위장군 유백영(劉伯英)을 평양도 행군대총관으로, 포주자사(蒲州刺史) 정명진을 누방도(鏤方道) 총관으로 삼아 여러 길로 나뉘어 고구려를 공략했다. 이는 고구려의 신라 침공에 대한 견제의 의미로 해석할 수 있다.

661년(보장왕 20) 정월, 당에서는 하남·하북·회남의 67주에서 4만 4,000여 명의 군사를 모집해 평양·누방 군영으로 배치시켰다. 이와는 별도로 홍려경(鴻臚卿) 소사업(蕭嗣業)을 부여도 행군총관으로 삼아 회흘(回紇) 등 여러 부의 군사를 거느리고 평양으로 진출시켰다.

4월에는 임아상(任雅相)을 패강도 행군총관으로, 글필하력을 요동도 행군총관으로, 소정방을 평양도 행군총관으로 삼아, 소사업과 여러 이민족 군대와 함께 35개 군이 수륙으로 길을 나누어 일제히 전진시켰다. 당 고종이 직접 원정을 지휘하려 했으나, 울주(蔚州) 자사 이군구(李君球)가 건의했다.

"고구려는 작은 나라인데 어찌 중국의 모든 힘을 기울일 수가 있겠는가? 만약 고구려가 망한다면 반드시 군사를 차출해 지켜야 할 터인데, 적게 동원하면 유지가 안 되고 많이 동원하면 부담이 클 것이다. 이는 천하 백성들에게 큰 부담을 안기는 것이다. 신의 생각으로는, 정벌해 멸망시키지 않는 편이 나을 듯하다."

당시 당의 실권자 측천무후(則天武后)도 같은 의견이었기 때문에 당 고종은 포기하고 말았다.

이해 5월, 보장왕은 장군 뇌음신(惱音信)에게 말갈 무리를 이끌고 신라를 공략하도록 시켰다. 뇌음신은 말갈 장군 생해(生偕)의 병력을 이끌고 먼저 술천성(述川城)을 공격했다. 여기서 큰 전과를 거두지 못하자 북한산성으로 방향을 돌렸다. 이 공략에서 포차(抛車)를 벌여놓고 돌을 날려 성가퀴나 건물을 파괴했지만, 성에서는 목재를 실어다가 무너진 곳에 즉시 망루를 만들어 막았다. 또 여기에 밧줄을 그물같이 얽어 마소가죽과 솜옷을 걸치고 그 안에 노(弩)를 설치해두었다.

쉽게 함락이 되지 않자, 뇌음신이 열흘이 되도록 포위를 풀어주지 않자, 신라 측의 식량보급이 막혀 성안의 두려움이 커졌다. 이때 갑자기 큰 별이 고구려 진영에 떨어지며 비와 천둥이 몰려오자, 뇌음신 등이 놀라 불길함을 느끼고 후퇴했다.

『일본서기』에는 7월 소정방과 계필가력(契苾加力; 契苾何力)이 수륙양로를 이용해서 고구려를 공략했다고 되어 있다. 그런데 실제로는 철륵(鐵勒)의 한 부족 출신인 계필가력을 두고 돌궐(突厥)의 왕자라고 써놓는 등의 행태를 보면, 『일본서기』에 기록의 정확성을 기대하기는 무리다.

8월에는 소정방이 고구려군을 패강에서 격파해 마읍산(馬邑山)을 빼앗고, 평양성까지 포위했다. 그러자 9월 연개소문은 아들 남생(男生)을 보내 정예군 수만 명을 동원해 압록수를 지켜 당의 다른 부대가 건너올 수 없게 만들었다. 그런데 마침 글필하력의 증원군이 도착했을 때, 압록수가 얼어붙었다. 글필하력의 부대는 얼어붙은 강을 건너 진격해, 고구려군을 격파했다. 글필하력은 패주하는 고구려군을 수십 리까지 추격해, 3만 명을 죽였다. 그러자 나머지 생존자는 모두 항복하고 남생은 겨우 죽음을 면했다. 이때 마침 당 측에서 군사를 돌리라는 조서가 내려져, 당 군이 돌아갔다.

비슷한 상황이 『일본서기』에도 나오기는 한다. 『일본서기』에는 고구려가 보고해왔다는 형태로 기록을 남기고 있다. "이번 12월에 고구려의 날씨가 몹시 추워 패강(浿江)이 얼어붙어, 당 군이 공성무기들을 이끌고 진격해 왔다. 그러나 용감한 고구려군이 반격해 당나라 군대를 궁지로 몰고 야습을 가해 나머지 진지들까지 탈취했다. 그런데 당의 군사가 무릎을 껴안고 우는 꼴을 그만두었다"고 했다는 것이다. 『일본서기』에서는 이렇게 기록해놓고 '후회막급'이라고 한탄하고 있다.

이래놓고 두서없이 『일본세기』의 편찬자 석도현(釋道顯)

의 말을 인용해놓았다. '김춘추(金春秋)의 뜻은 본래 고구려
를 치는 데 있었는데 먼저 백제를 쳤다. 백제가 침공당해서
몹시 괴로움을 당하고 있어 이렇게 한 것'이라는 것이다.

여기에 또 황당한 내용이 추가되어 있다. 고구려군을 돕
는 일본 장군들이 백제의 가파리빈(加巴利濱; 가하리노하마)
에 묵어 불을 피웠는데 재가 변해 구멍이 되면서 화살촉이
우는 것 같은 소리가 들렸다 한다. 그러자 어떤 사람이 이를
'고구려와 백제가 망할 징조'라고 했단다.

662년(보장왕 21) 정월에는 좌효위장군 백주(白州) 자사 옥
저도총관 방효태(龐孝泰)가 고구려를 침공해 사수(蛇水) 가에
서 연개소문이 이끄는 부대와 전투를 벌였다. 이 전투에서
방효태(龐孝泰)가 이끄는 부대는 몰살당했다. 이 전투에서 방
효태는 물론이고 그의 아들 13명도 모두 죽었다.

소정방(蘇定方)의 부대도 평양을 포위했으나, 마침 큰 눈
이 와서 전과를 거두지 못하고 물러갔다. 이와 같이 이 시기
당 군의 고구려 침공은 이렇게 별다른 성과를 거두지 못하
고 말았다.

『일본서기』에도 이를 시사하는 기록이 보인다. 단지 『일본
서기』에는 3월, 당과 신라가 연합해 고구려를 쳤고, 고구려
가 왜에 구원을 청했다고 되어 있을 뿐이다. 왜에서는 이에
응해 장군을 보내 소류성(疏留城)에 주둔하게 해주었고, 이

때문에 당과 신라는 고구려 깊숙이 진격할 수 없었다고 한다. 그렇지만 이해 4월에 쥐가 말의 꼬리에 새끼를 낳는 일이 생기자,『일본세기』의 저자 도현이 "북국의 사람이 남국에 붙으려고 한다. 고구려가 패해 일본에 복속하려는 것"이라고 추측했다고 되어 있다.

고구려의 멸망

당의 고구려 침공이 별다른 효과를 거두지 못하고 있던 666년(보장왕 25), 고구려 측에서는 당과의 화해를 모색했다. 보장왕은 태자 복남(福男: 신당서에는 남복男福이라고 되어 있음)을 보내, 당나라의 태산(泰山) 제사에 참가하게 했다.

그런데 이 시점에서 실권자인 연개소문이 죽었다.『일본서기』에는 664년에 연개소문이 죽었다고 되어 있다. 이때 연개소문이 아들들에게, "서로 다투어 이웃의 웃음거리가 되지 말라"는 유언을 남겼다고 한다.

물론『일본서기』의 시점이나 내용이 믿을 만한 것은 아니다. 또 이해 정월 11일, 고구려에서 전부능루(前部能婁) 등을 보내 조공을 바쳤다고도 기록했다. 그리고 같은 날 탐라에서도 왕자 고여(姑如) 등을 보내왔다고도 한다. 이때 왔던 고구려 사신들은 6월에 돌아갔다고 기록되어 있다.

어쨌든 연개소문이 죽은 후, 맏아들 남생이 그 뒤를 이어 막리지 자리를 이어받았다. 남생은 국정을 맡게 되면서 여러 성을 돌아보게 되었다. 이 때문에 중앙정계의 일은 아우인 남건(男建)과 남산(男産)에게 맡겼다. 그러자 누군가가 형제 사이를 갈라놓기 시작했다. 두 아우에게는 "남생이 두 아우를 제거하려고 하니 선수를 치라" 하고, 남생에게는 "두 아우가, 형이 권력을 되찾아갈까봐 돌아오지 못하게 하려 한다"고 했다.

두 아우가 처음에는 믿지 않았지만, 남생이 몰래 평양으로 보내 상황을 살피게 하려고 보낸 사람이 두 아우에게 붙잡히는 일이 생겼다. 남생의 의도가 드러났다고 여긴 두 아우는 왕의 명령을 빌려 남생을 소환했고, 오히려 불안해진 남생은 돌아오지 못했다. 그러자 남건은 스스로 막리지가 되어 남생을 토벌했고, 남생은 국내성으로 달아났다. 위기에 몰린 남생은 아들인 헌성(獻誠)을 당나라에 보내 구원 요청을 했다.

이해 6월 당 고종은 좌효위대장군 글필하력에게 군사를 거느리고 남생을 구출해 당나라로 데려갔다. 8월, 보장왕은 남건을 막리지로 인정하고 군권(軍權)까지 몰아주었다. 9월에는 당 고종이 남생을 특진(特進) 요동도독 겸 평양도 안무

대사 벼슬을 주고 현도군공으로 책봉해주었다. 『일본서기』
에는 10월 26일에 고구려가 을상(乙相) 엄추(奄鄒), 부사(副使)
달상둔(達相遁) 154, 2위(二位) 155 현무약광(玄武若光) 등을
보내 조공을 바쳤다고 한다.

12월에는 당 고종이 이적을 요동도 행군대총관 겸 안무대
사에, 사열(司列) 소상백(少常伯), 안륙(安陸)의 학처준(郝處俊)
을 그 부장으로 삼았다. 방동선(龐同善)과 글필하력은 함께
요동도 행군부대총관 겸 안무대사로 임명하고, 수륙제군총
관(水陸諸軍摠管) 병 전량사(轉糧使) 두의적(竇義積)·독고경운
(獨孤卿雲)·곽대봉(郭待封) 등을 모두 이적의 휘하에서 지휘
를 받게 했다. 또 하북 여러 주(州)에서 걷은 조부(租賦)를 모
두 요동으로 보내 군용으로 공급했다. 본격적인 전쟁 준비에
착수한 것이다. 이때 연개소문의 동생 연정토(淵淨土)는 자신
을 따르는 무리들을 이끌고 신라로 투항해버렸다.

667년(보장왕 26) 9월, 당에서는 이적을 총지휘관으로 해
본격적인 침공을 감행했다. 이적은 요하를 건널 때부터 '신
성이 고구려의 서쪽 변방 요충지이니 그곳부터 점령해야 나
머지 성들도 쉽게 공략할 수 있다'는 생각을 피력하고 이곳
부터 공략했다. 그러자 성 내부에서 사부구(師夫仇) 등이 성
주를 묶고 문을 열어 항복해왔다. 이적은 신성을 함락시키고
나서 글필하력에게 그곳을 지키게 했다. 이후 성 16개를 함

락시켰다.

남건은 방동선과 고간까지 주둔하고 있던 신성을 수복하기 위해 병력을 보냈으나, 좌무위장군 설인귀가 반격에 나서 패퇴했다. 고간이 금산(金山)까지 고구려군을 추격하다가 패배하자, 고구려군은 승세를 이용해 반격에 나섰다. 그렇지만 이번에도 설인귀가 고구려군의 측면을 공격해, 고구려 병사 5만 여 명을 죽였다. 그러면서 당 군은 남소성·목저성·창암성 세 성을 함락시키고, 연남생 군사와 합류했다.

이와는 별도로 곽대봉은 수군을 거느리고 평양으로 진격했다. 이적은 별장(別將) 풍사본(馮師本)에게 군량과 장비 보급을 맡겼는데, 그의 배들이 파괴되는 바람에 보급이 늦어져 곽대봉의 군사들이 굶주리게 되었다. 곽대봉은 이 상황을 이적에게 알리려고 했으나, 전달된 문서를 탈취당해 자신들의 사정이 적에게 알려질 것을 우려했다. 그래서 이합시(離合詩: 글자를 하나하나 떼거나 붙여 완성하는 시. 이때처럼 암호문으로 쓰이는 경우도 있었음)를 지어 이적에게 주었다.

사정을 모르는 이적은 이합시를 받아 보고는 "군의 사정이 급한데 무슨 시냐? 목을 베어버리겠다"고 화를 냈다. 이때 행군관기통사사인(行軍管記通事舍人) 원만경(元萬頃)이 그 뜻을 풀어주었다. 그제야 이적이 사정을 알아보고 군량과 장비를 보내주는 해프닝이 있었다.

그런데 곽대봉에 대한 오해를 풀어 당 군의 지휘부의 불필요한 갈등을 막았던 원만경 자신은, 객기를 부리다가 곤란을 자초했다. 그 발단은 원만경이 "압록강의 험한 곳을 지킬 줄 모른다"는 내용이 담긴 「격문」을 지어 고구려 측에 보낸 것이다. 그 내용을 본 남건 "삼가 명을 받들겠다"는 답신을 보내고는 곧바로 압록강 나루에서 병력을 배치했다. 이 때문에 이후로는 당나라 군사들이 압록강을 마음대로 건널 수 없게 되었다. 공연한 「격문」을 보내 아군의 작전에 차질을 빚어버린 셈이었다. 이 이야기가 당 고종이 들어가, 원만경은 영남(嶺南: 현재의 광동·광서지역)으로 귀양 가는 신세가 되었다.

학처준이 안시성 아래에 주둔하고 있을 때의 해프닝도 있었다. 이때 당나라 군대는 미처 대열을 이루지 못하고 있었는데, 고구려군 3만 명이 갑자기 들이닥치자 당황했다. 그런데 지휘관인 학처준이 호상(胡床: 등받이가 있는 접는 의자) 위에 걸터앉아서 막 마른밥을 먹다가, 침착하게 정예 부대를 뽑아 반격을 가해 격퇴시켰다고 한다.

『일본서기』에는 남생(男生)이 동생들에게 쫓겨나 당으로 망명했던 사실을 뒤늦게 이해 10월에 일어났던 일로 적어 놓고 있다.

668년(보장왕 27) 정월, 당 측에서는 우상(右相) 유인궤(劉

仁軌)를 요동도 부대총관으로 삼고 학처준·김인문(金仁問)을
그 부장으로 삼는 지휘부 개편을 단행했다.

그리고 다음 달인 2월, 이적 등이 고구려의 부여성을 함락
시켰다. 그런데 여기에 얽힌 에피소드 한 가지가 전해지고
있다. 이때 당나라 군대의 장군 설인귀는 금산에서 고구려군
을 격파한 승세를 타서, 3,000명의 병력으로 부여성을 공격
하려 했다. 그러자 당 측의 여러 장수들이 말렸다. 병력이 너
무 적다는 이유였다.

이때 설인귀는, "군사는 꼭 많아야 하는 것이 아니라, 어떻
게 쓰느냐에 달려 있다"고 대꾸하고는, 선봉으로 나서서 고
구려군을 격파해 전사자와 포로를 발생시키는 활약을 보였
다. 설인귀의 이러한 활약에 힘입어 부여성이 함락되었다.
이후 고구려 부여주(扶餘州)에 속해 있던 40여 성이 모두 항
복을 청했다.

이렇게 전투가 치열해지던 시점, 당 고종은 요동에 사신
으로 파견되었다가 돌아온 시어사(侍御史) 가언충(賈言忠)에
게 전황을 물었다. 가언충은, "반드시 이길 것이다. 예전에
선제(先帝)인 태종께서 뜻을 이루지 못한 이유는 적에게 아
직 틈이 없었기 때문이다. 그런데 지금은 남생 형제가 다투
는 바람에 우리의 길잡이가 되었다. 이 덕분에 적의 내실을
파악하고 있으며, 아군 장수와 병사들이 최선을 다하고 있

다. 이렇기 때문에 신은 '반드시 이긴다'고 장담한다"고 대답했다.

그러면서 고구려비기(高句麗秘記)에 나온다는 말을 덧붙였다. 여기에는 "고구려가 세워진 이후, 900년이 되기 전에 마땅히 팔십(八十) 대장이 멸망시킬 것이다"라고 되어 있다는 것이다. 가언충은 이를 '고(高) 씨가 한나라 때부터 나라를 세워 지금 900년이 되었고, 이적의 나이가 80'이라는 점과 연결시켰다. 여기에 고구려에 '거듭 기근이 들어 사람들이 서로 빼앗아 팔고, 지진이 나서 땅이 갈라지고, 이리와 여우가 성으로 들어가며, 두더지가 문에 구멍을 뚫고, 인심이 위태로우니 이후로는 고구려 정벌에 나설 일이 없을 것'이라는 논리였다.

남건은 빼앗긴 부여성을 탈환하기 위해 5만 명의 병력을 보냈지만, 설하수(薛賀水)에서 이적이 이끄는 당나라 부대와 만나 교전을 치러 패배했다. 이 전투에서 고구려군은 3만여 명의 전사자를 냈다고 한다. 이적은 이 전투에서 이긴 승세를 타고 대행성(大行城)으로 진격했다.

4월에는 살별[彗星]이 필성(畢星)과 묘성(卯星) 사이에 나타났다. 당 측의 허경종(許敬宗)은 "살별이 동북방에서 나타나는 것은 고구려가 망할 징조다"라는 해석을 퍼뜨렸다.

『일본서기』에는 이해 7월, 고구려에서 고시로미치(越路)를 통해 조(調)를 바쳤다고 되어 있다. 그리고 이때 왔던 사신은 풍랑이 높았기 때문에 돌아갈 수 없었다고 적어놓았다.

이적이 대행성에서 승리를 거둔 이후, 다른 길로 진격했던 여러 부대가 모두 이적의 부대와 합류해 진격했다. 이들이 압록책(鴨淥柵)에 도달했을 때, 고구려군이 맞서 싸웠으나 이적의 부대에 패배했다. 이적은 패주하는 고구려군을 200리가 넘게 추격해서 욕이성(辱夷城)까지 함락시켜버렸다. 이후 고구려의 여러 성에서 도망하거나 항복하는 자들이 줄을 이었다. 글필하력의 부대가 먼저 평양성에 도착했고, 이적의 군대가 뒤를 이어 도착해 한 달이 넘도록 포위했다.

포위가 오래 지속되자, 보장왕은 흰 기를 들고 남산과 함께 98명의 수령을 이적에게 보내 항복의 뜻을 전했다. 이적이 이를 받아들였으나, 남건은 왕의 항복에도 아랑곳하지 않고 성문을 닫고 계속 저항했다. 그리고 여러 차례 부대를 내보내 반격을 시도했으나, 모두 실패로 돌아갔다.

그렇지만 남건의 저항도 오래가지는 못했다. 남건은 군사문제를 승려 신성(信誠)에게 맡겼는데, 그 신성이 소장(小將) 오사(鳥沙)와 요묘(饒苗) 등과 함께 이적과 내통했다. 승려 신성이 배신한 이유는, 불교 사원을 빼앗으면서까지 도교를 우대했던 정책에 대한 반감의 결과로 본다. 5일 후 신성이 성문을 열어주었고, 이 틈을 타서 당나라 군사가 성에 진입해 불을 질렀다. 남건은 자살을 시도했지만 그마저도 실패해, 결국 보장왕과 함께 사로잡혔다. 결국 9월, 이적이 평양성을 함락시킨 셈이다.

『일본서기』에는 같은 일을 두고, 10월에 대당(大唐)의 대장군(大將軍) 영공(英公: 이적을 말함)이 고구려를 멸망시켰다고 해놓았다. 고구려의 중모왕(仲牟王: 시조 주몽)이 처음 나라를 세울 때 천세(千歲) 동안 다스리려고 했는데, 어머니가 '나라를 잘 다스리더라도 700년 정도일 것'이라고 말했다는 이야기를 적어놓았다. 이때가 700년째 되는 해였다는 것이다.

평양성 함락 이후 고구려 유민의 저항

10월, 당 고종은 이적이 돌아올 때, 보장왕 등을 먼저 소릉(昭陵)에 데려가 의식을 치르게 하고, 당의 수도로 개선한 다음에는 대묘(大廟)에서 또 의식을 치르게 했다. 12월에는 함원전(含元殿)에서 또다시 항복 의식을 치르며, 보장왕 등 고구려 포로들에 대한 처분을 내렸다.

보장왕은 실권이 없었다는 점을 감안해 책임을 묻지 않고, 사평태상백(司平太常伯) 원외동정(員外同正)이라는 벼슬을 내려주었다. 남산 또한 항복해 왔다는 점을 고려하고 사재소

경(司宰少卿)으로, 당 군과 내통해 성문을 열어준 신성은 은청광록대부(銀靑光祿大夫)로 삼았다. 처음부터 당으로 망명해 왔던 남생은 우위대장군(右衛大將軍) 지위에 변국공(卞國公)으로 책봉해주었다. 끝까지 저항을 시도했던 남건은 검주(黔州: 현재의 중국 사천성 팽수현)로 귀양 보냈다. 이적과 그 휘하의 사람들에게도 차등 있게 관직과 상을 내렸다.

이와 함께 고구려의 행정구역에도 개편을 시도했다. 5부, 176성, 69만여 호로 되어 있던 고구려를 9도독부, 42주, 100현으로 재편한 것이다. 그리고 평양에 안동도호부(安東都護府)를 두고 고구려 장수 중에 당에 협조한 인사들을 뽑아 도독·자사·현령 지위를 주었다. 이들을 당에서 파견된 요원들과 함께 통치에 참여시켰고, 우위위대장군(右威衛大將軍) 설인귀를 검교(檢校) 안동도호로 삼아 2만 명의 병력을 거느리고 고구려 지역을 통제하도록 했다.

이렇게 해서 고구려 왕실이 통치하던 시대는 끝이 났지만, 고구려 지역에서는 당의 지배에 대한 반발이 이어졌다. 그런데 보장왕이 당의 포로가 된 이후에는 『삼국사기』 「고구려본기」에서조차 고구려 왕력이 아닌 당의 연호로 연대표시를 하고 있다.

평양성이 함락되고, 고구려 왕실의 통치력이 상실된 다음 해부터는 당 고종의 연호인 총장(總章) 2년 기사년(669)으로 연도가 표시된다. 이해 2월, 보장왕의 서자(庶子) 안승(安勝)이 4,000여 호를 거느리고 신라에 투항했다. 당 고종은 4월에 현지에 남아 있는 고구려인들의 반발을 봉쇄하기 위해, 고구려인 3만 8,300호를 강회(江淮)의 남쪽과 산남(山南)·경서(京西) 여러 주의 빈 땅으로 이주시켜버렸다.

그럼에도 불구하고 당의 연호가 바뀐 함형(咸亨) 원년 경오년(670) 4월에는 검모잠(劍牟岑)이 당나라에 저항하기 위해, 왕의 외손 안순(安舜 또는 안승安勝)을 왕으로 추대했다. 당나라 측에서 대장군 고간을 동주도(東州道) 행군총관으로 삼아, 그에게 검모잠에 대한 토벌을 맡겼다. 그런데 이 저항은 고간이 아니라 내부 분열로 치명타를 맞았다. 안순이 검모잠을 죽이고 신라로 달아났던 것이다.

함형(咸亨) 2년 신미년(671) 7월에는 고간이 안시성에서 나머지 저항세력을 소탕했다.

함형(咸亨) 3년 임신년(672) 12월에도 고간이 고구려의 잔존 저항세력과 백수산(白水山)에서 싸워 이겼다. 이때 신라가 병력을 파견해서 고구려의 저항세력을 도왔으나, 고간은 이마저 격파하고 2,000명을 사로잡았다.

함형(咸亨) 4년 계유년(673) 윤5월에는 연산도(燕山道) 총관 대장군 이근행(李謹行)이 호로하(瓠濾河)에서 고구려 저항세력을 격파하고 수천 명을 사로잡았다. 여기서 잡히지 않은

135

나머지 무리들은 신라로 달아났다.

의봉(儀鳳) 2년 정축년(677) 2월에는 당 측에서, 항복한 보장왕을 요동주도독에 조선왕으로 봉해 요동으로 돌려보냈다. 이전에 고구려 지역에서 당으로 이주시켰던 사람들도 보장왕과 함께 돌려보내고, 안동도호부를 신성으로 옮겨 통치하게 했다. 고구려 사람들의 저항이 계속되자, 보장왕을 내세워 무마하려는 의도였다.

그러나 보장왕은 요동으로 돌아오자, 이 기회를 활용해 나라를 되찾으려 했다. 몰래 말갈과 통해 반란을 꾀한 것이다. 이러한 시도가 발각되어 보장왕은 개요(開耀) 원년(681)에 공주(邛州)로 소환되었다.

보장왕은 결국 영순(永淳) 초년(682)에 죽었다. 당 측에서는 보장왕에게 위위경(衛尉卿)이라는 벼슬을 얹어주고, 그 시신은 당나라 수도로 옮겨 힐리(頡利)의 무덤 왼쪽에 매장해주었으며, 무덤 앞에 비석도 세워주었다. 보장왕이 통솔하던 백성들은 하남(河南)·농우(隴右)의 여러 주로 흩어서 이주시키고, 가난한 사람들은 안동성(安東城) 옆의 옛 성에 남겨두었다. 이들 중에는 신라로 도망하는 사람들이 있었고, 일부는 말갈과 돌궐로 들어가기도 했다. 그러면서 고구려 왕실의 존재도 의미를 잃어갔다.

수공(垂拱) 2년(686), 당 측에서는 항복한 보장왕의 손자

보원(寶元)을 조선군왕(朝鮮郡王)으로 삼고, 성력(聖曆) 초년(698)에는 좌응양위(左鷹揚衛) 대장군으로 올렸다가 다시 충성국왕(忠誠國王)으로 봉하고, 안동의 옛 부를 통치하게 했다. 그러나 이러한 조치가 실효성을 가지지는 못했다. 이듬해에 항복한 보장왕의 아들 덕무(德武)를 안동도독으로 삼았는데, 한정된 상황에서나마 일부 통치력은 발휘했다고 한다. 그 결과 원화(元和) 13년(818)에 이르러 사신을 당나라에 보내 악공(樂工)을 바치는 일도 있었다.

당 측의 기록에는 보장왕과 그 후손에 대한 기록뿐 아니라, 남생의 후손에 대한 기록도 남아 있다. 남생이 의봉(儀鳳) 초에 장안에서 죽은 후 그에게는 병주대도독의 벼슬이 추가되었다. 그리고 남생의 아들 헌성(獻誠)을 우위대장군으로 책봉해주고 우림위상하를 겸임시켰다.

그런데 헌성에 대한 에피소드가 좀 더 남아 있다. 측천무후(則天武后)가 통치하던 시기에, 관리들 중 활을 잘 쏘는 자 다섯 명을 뽑아 실력을 겨루는 대회를 열었다. 여기서 내사 장광보가 먼저 헌성에게 1등을 양보하자, 헌성이 다시 우옥검위대장군 설토마지(薛土摩支)에게 설토마지가 다시 헌성에게 서로 양보하는 사태가 벌어졌다.

그러자 헌성은 무후에게 "폐하께서 활에 능한 자 다섯 명을 가려 뽑을 것을 명하셨는데 간택된 자가 대부분 한관(漢

官) 출신이 아닙니다. 신은 이후로부터 한관이 활을 잘 쏜다는 명성이 없어질까 두렵습니다. 엎드려 바라건대 명궁을 가려 뽑는 일을 중도에 그만두었으면 합니다"라고 아뢰었다. 측천무후는 이를 가상히 여기고 그의 말을 따랐다.

그렇지만 이러한 처세에도 불구하고 헌성의 말로가 순탄하지는 않았다. 발단은 혹리(酷吏)였던 내준신이 헌성에게 뇌물을 요구한 데서 시작되었다. 헌성은 이를 거절하고 답도 주지 않았다. 그러자 내준신은 헌성이 역모를 꾸민다며 모략했고, 헌성은 이에 연루되어 비참한 최후를 맞았다. 나중에 측천무후가 억울함을 인정해 복권시켜주었지만, 때늦은 정치적 무마 이상의 의미를 가질 수 없었다.

『일본서기』에는 고구려가 멸망한 뒤에도 「조(調)」를 바쳤다는 기록이 계속 나타나지만, 이는 어디까지나 『일본서기』식의 표현이므로 큰 의미를 둘 수 없을 듯하다. 그래서 이후의 내용은 생략한다.

고구려왕조실록 2 장수왕~보장왕 편

펴낸날	초판 1쇄 2016년 1월 30일

지은이	**이희진**
펴낸이	**심만수**
펴낸곳	**(주)살림출판사**
출판등록	1989년 11월 1일 제9-210호

주소	경기도 파주시 광인사길 30
전화	031-955-1350　팩스 031-624-1356
홈페이지	http://www.sallimbooks.com
이메일	book@sallimbooks.com

ISBN	978-89-522-3322-6　04080

이 도서의 국립중앙도서관 출판시도서목록(CIP)은 서지정보유통지원시스템 홈페이지
(http://seoji.nl.go.kr)와 국가자료공동목록시스템(http://www.nl.go.kr/kolisnet)에서
이용하실 수 있습니다.(CIP제어번호: CIP2016000907)

085 책과 세계

강유원(철학자)

책이라는 텍스트는 본래 세계라는 맥락에서 생겨났다. 인류가 남긴 고전의 중요성은 바로 우리가 가 볼 수 없는 세계를 글자라는 매개를 통해서 우리에게 생생하게 전해 주는 것이다. 이 책은 역사라는 시간과 지상이라고 하는 공간 속에 나타났던 텍스트를 통해 고전에 담겨진 사회와 사상을 드러내려 한다.

056 중국의 고구려사 왜곡   eBook

최광식(고려대 한국사학과 교수)

중국의 고구려사 왜곡의 숨은 의도와 논리, 그리고 우리의 대응 방안을 다뤘다. 저자는 동북공정이 국가 차원에서 진행되는 정치적 프로젝트임을 치밀하게 증언한다. 경제적 목적과 영토 확장의 이해관계 등이 복잡하게 얽혀 있는 동북공정의 진정한 배경에 대한 설명, 고구려의 역사적 정체성에 대한 문제, 고구려사 왜곡에 대한 우리의 대처방법 등이 소개된다.

291 프랑스 혁명   eBook

서정복(충남대 사학과 교수)

프랑스 혁명은 시민혁명의 모델이자 근대 시민국가 탄생의 상징이지만, 그 실상을 아는 사람은 많지 않다. 프랑스 혁명이 바스티유 습격 이전에 이미 시작되었으며, 자유와 평등 그리고 공화정의 꽃을 피기 위해 너무 많은 피를 흘렸고, 혁명의 과정에서 해방과 공포가 엇갈리고 있었다는 등의 이야기를 통해 프랑스 혁명의 실상을 소개한다.

139 신용하 교수의 독도 이야기   eBook

신용하(백범학술원 원장)

사학계의 원로이자 독도 관련 연구의 대가인 신용하 교수가 일본의 독도 영토 편입문제를 걱정하며 일반 독자가 읽기 쉽게 쓴 책. 저자는 역사적으로나 국제법상으로 실효적 점유상으로나, 어느 측면에서 보아도 독도는 명백하게 우리 땅이라고 주장하며 여러 가지 역사적인 자료를 제시한다.

144 페르시아 문화

신규섭(한국외대 연구교수)

인류 최초 문명의 뿌리에서 뻗어 나와 아랍을 넘어 중국, 인도와 파키스탄, 심지어 그리스에까지 흔적을 남긴 페르시아 문화에 대한 개론서. 이 책은 오랫동안 베일에 가려 있던 페르시아 문명을 소개하여 이슬람에 대한 편견과 오해를 바로 잡는다. 이태백이 이란계였다는 사실, 돈황과 서역, 이란의 현대 문화 등이 서술된다.

086 유럽왕실의 탄생

김현수(단국대 역사학과 교수)

인류에게 '예술과 문명' 그리고 '근대와 국가'라는 개념을 선사한 유럽왕실. 유럽왕실의 탄생배경과 그 정체성은 무엇인가? 이 책은 게르만의 한 종족인 프랑크족과 메로빙거 왕조, 프랑스의 카페 왕조, 독일의 작센 왕조, 잉글랜드의 웨섹스 왕조 등 수많은 왕조의 출현과 쇠퇴를 통해 유럽 역사의 변천을 소개한다.

016 이슬람 문화

이희수(한양대 문화인류학과 교수)

이슬람교와 무슬림의 삶, 테러와 팔레스타인 문제 등 이슬람 문화 전반을 다룬 책. 저자는 그들의 멋과 가치관을 흥미롭게 설명하면서 한편으로 오해와 편견에 사로잡혀 있던 시각의 일대 전환을 요구한다. 이슬람교와 기독교의 관계, 무슬림의 삶과 낭만, 이슬람 원리주의와 지하드의 실상, 팔레스타인 분할 과정 등의 내용이 소개된다.

100 여행 이야기

이진홍(한국외대 강사)

이 책은 여행의 본질 위를 '길거리의 철학자'처럼 편안하게 소요한다. 먼저 여행의 역사를 더듬어 봄으로써 여행이 어떻게 인류 역사의 형성과 같이해 왔는지를 생각하고, 다음으로 여행의 사회학적·심리학적 의미를 추적함으로써 여행에 어떤 의미를 부여할 것인가에 대해 말한다. 또한 우리의 내면과 여행의 관계 정의를 시도한다.

293 문화대혁명 중국 현대사의 트라우마 eBook

백승욱(중앙대 사회학과 교수)

중국의 문화대혁명은 한두 줄의 정부 공식 입장을 통해 정리될 수 없는 중대한 사건이다. 20세기 중국의 모든 모순은 사실 문화대혁명 시기에 집약되어 있다고 해도 과언이 아니다. 사회주의 시기의 국가 · 당 · 대중의 모순이라는 문제의 복판에서 문화대혁명을 다시 읽을 필요가 있는 지금, 이 책은 문화대혁명에 대한 안내자가 될 것이다.

174 정치의 원형을 찾아서 eBook

최자영(부산외국어대학교 HK교수)

인류가 걸어온 모든 정치체제들을 매우 짧은 기간 동안 시험하고 정비한 나라, 그리스. 이 책은 과두정, 민주정, 참주정 등 고대 그리스의 정치사를 추적하고, 정치가들의 파란만장한 일화 등을 소개하고 있다. 특히 이 책의 저자는 아테네인들이 추구했던 정치방법이 오늘 우리 사회가 당면한 문제를 해결할 수 있는 지혜의 발견에 도움을 줄 수 있을 것이라고 말한다.

420 위대한 도서관 건축순례 eBook

최정태(부산대학교 명예교수)

이 책은 도서관의 건축을 중심으로 다룬 일종의 기행문이다. 고대 도서관에서부터 21세기에 완공된 최첨단 도서관까지, 필자는 가능한 많은 도서관을 직접 찾아보려고 애썼다. 미처 방문하지 못한 도서관에 대해서는 문헌과 그림 등 가능한 많은 정보를 수집하려 노력했다. 필자의 단상들을 함께 읽는 동안 우리 사회에서 도서관이 차지하는 의미에 대해 다시 생각하게 된다.

421 아름다운 도서관 오디세이 eBook

최정태(부산대학교 명예교수)

이 책은 문헌정보학과에서 자료 조직을 공부하고 평생을 도서관에 몸담았던 한 도서관 애찬가의 고백이다. 필자는 퇴임 후 지금까지 도서관을 돌아다니면서 직접 보고 배운 것이 40여 년 동안 강단과 현장에서 보고 얻은 이야기보다 훨씬 많았다고 말한다. '세계 도서관 여행 가이드'라 불러도 손색없을 만큼 풍부하고 다채로운 내용이 이 한 권에 담겼다.

역사 · 문명

eBook 표시가 되어있는 도서는 전자책으로 구매가 가능합니다.

016 이슬람 문화 | 이희수
017 살롱문화 | 서정복 eBook
020 문신의 역사 | 조현설
038 헬레니즘 | 윤진
056 중국의 고구려사 왜곡 | 최광식 eBook
085 책과 세계 | 강유원
086 유럽왕실의 탄생 | 김현수 eBook
087 박물관의 탄생 | 전진성 eBook
088 절대왕정의 탄생 | 임승휘 eBook
100 여행 이야기 | 이진홍 eBook
101 아테네 | 장영란 eBook
102 로마 | 한형곤 eBook
103 이스탄불 | 이희수 eBook
104 예루살렘 | 최창모 eBook
105 상트 페테르부르크 | 방일권 eBook
106 하이델베르크 | 곽병휴 eBook
107 파리 | 김복래 eBook
108 바르샤바 | 최건영 eBook
109 부에노스아이레스 | 고부안 eBook
110 멕시코 시티 | 정혜주 eBook
111 나이로비 | 양철준
112 고대 올림픽의 세계 | 김복희 eBook
113 종교와 스포츠 | 이창익 eBook
115 그리스 문명 | 최혜영
116 그리스와 로마 | 김덕수 eBook
117 알렉산드로스 | 조현미
138 세계지도의 역사와 한반도의 발견 | 김상근 eBook
139 신용하 교수의 독도 이야기 | 신용하
140 간도는 누구의 땅인가 | 이성환 eBook
143 바로크 | 신정아 eBook
144 페르시아 문화 | 신규섭 eBook
150 모던 걸, 여우 목도리를 버려라 | 김주리 eBook
151 누가 하이카라 여성을 데리고 사누 | 김미지 eBook
152 스위트 홈의 기원 | 백지혜 eBook
153 대중적 감수성의 탄생 | 강심호 eBook
154 에로 그로 넌센스 | 소래섭 eBook
155 소리가 만들어낸 근대의 풍경 | 이승원 eBook
156 서울은 어떻게 계획되었는가 | 염복규 eBook
157 부엌의 문화사 | 함한희
171 프랑크푸르트 | 이기식 eBook

172 바그다드 | 이동은 eBook
173 아테네인, 스파르타인 | 윤진
174 정치의 원형을 찾아서 | 최자영
175 소르본 대학 | 서정복
187 일본의 서양문화 수용사 | 정하미
188 번역과 일본의 근대 | 최경옥
189 전쟁국가 일본 | 이성환 eBook
191 일본 누드 문화사 | 최유경
192 주신구라 | 이준섭
193 일본의 신사 | 박규태 eBook
220 십자군, 성전과 약탈의 역사 | 진원숙
239 프라하 | 김규진 eBook
240 부다페스트 | 김성진 eBook
241 보스턴 | 황선희
242 돈황 | 전인초
249 서양 무기의 역사 | 이내주
250 백화점의 문화사 | 김인호
251 초콜릿 이야기 | 정한진
252 향신료 이야기 | 정한진
259 와인의 문화사 | 고형욱
269 이라크의 역사 | 공일주
283 초기 기독교 이야기 | 진원숙
285 비잔틴제국 | 진원숙 eBook
286 오스만제국 | 진원숙 eBook
291 프랑스 혁명 | 서정복 eBook
292 메이지유신 | 장인성 eBook
293 문화대혁명 | 백승욱 eBook
294 기생 이야기 | 신현규 eBook
295 에베레스트 | 김법모 eBook
296 빈 | 인성기 eBook
297 발트3국 | 서진석 eBook
298 아일랜드 | 한일동
308 홍차 이야기 | 정은희 eBook
317 대학의 역사 | 이광주
318 이슬람의 탄생 | 진원숙
335 고대 페르시아의 역사 | 유흥태
336 이란의 역사 | 유흥태
337 에스파한 | 유흥태
342 다방과 카페, 모던보이의 아지트 | 장유정
343 역사 속의 채식인 | 이광조

371 대공황 시대 | 양동휴 eBook
420 위대한 도서관 건축순례 | 최정태 eBook
421 아름다운 도서관 오디세이 | 최정태 eBook
423 서양 건축과 실내 디자인의 역사 | 천진희
424 서양 가구의 역사 | 공혜원 eBook
437 알렉산드리아 비블리오테카 | 남태우 eBook
439 전통 명품의 보고, 규장각 | 신병주 eBook
443 국채보상운동 이야기 | 김형민 eBook
462 장군 이순신 | 도현신 eBook
463 전쟁의 심리학 | 이윤규 eBook
466 한국무기의 역사 | 이내주 eBook
486 대한민국 대통령들의 한국경제 이야기1 | 이장규 eBook
487 대한민국 대통령들의 한국경제 이야기2 | 이장규 eBook
490 역사를 움직인 중국 여성들 | 이양자 eBook
493 이승만 평전 | 이주영 eBook
494 미군정시대 이야기 | 차상철 eBook
495 한국전쟁사 | 이희진 eBook
496 정전협정 | 조성훈 eBook
497 북한 대남침투도발사 | 이윤규 eBook
510 요하 문명(근간)
511 고조선왕조실록(근간)
512 고구려왕조실록 1(근간)
513 고구려왕조실록 2(근간)
514 백제왕조실록 1(근간)
515 백제왕조실록 2(근간)
516 신라왕조실록 1(근간)
517 신라왕조실록 2(근간)
518 신라왕조실록 3(근간)
519 가야왕조실록(근간)
520 발해왕조실록(근간)
521 고려왕조실록 1(근간)
522 고려왕조실록 2(근간)
523 조선왕조실록 1 | 이성무 eBook
524 조선왕조실록 2 | 이성무 eBook
525 조선왕조실록 3 | 이성무 eBook
526 조선왕조실록 4 | 이성무 eBook
527 조선왕조실록 5 | 이성무 eBook
528 조선왕조실록 6 | 편집부 eBook

㈜살림출판사
www.sallimbooks.com
주소 경기도 파주시 문발동 522-1 | 전화 031-955-1350 | 팩스 031-955-1355